AI教师助手

DeepSeek + AI智能体

高效教学

黎渝幸 著

化学工业出版社

·北京·

内容简介

《AI 教师助手：DeepSeek+AI 智能体高效教学》是一本帮助教师运用 AI 技术提升教学效率的实用指南。全书系统介绍了 DeepSeek 和 AI 智能体在教学设计、课堂教学、智能评测、班级管理和教师发展等场景的应用方法。

在教学设计环节，AI 可快速生成差异化教案、多模态课件和知识图谱，大幅提升备课效率。课堂教学中，AI 支持多语种翻译、互动活动设计和个性化学习推荐。智能评测功能包括一键批改作业、学情分析和错题管理，帮助教师精准掌握学习情况。班级管理方面，AI 可协助处理日常事务、家校沟通和学生心理预警。教师专业发展上，AI 能辅助教研论文写作、教学反思和职业规划。书中还介绍了教师如何搭建专属教学智能体，实现个性化 AI 助手定制。

本书旨在帮助教师快速掌握 AI 教学工具，实现从传统教学向智能教学的转型，同时强调教师需保持教学主导权，合理运用 AI 技术提升教育质量。

图书在版编目（CIP）数据

AI 教师助手 ：DeepSeek+AI 智能体高效教学 / 黎渝幸著. -- 北京 ：化学工业出版社，2025. 9. -- ISBN 978-7-122-49012-4

Ⅰ. G434

中国国家版本馆 CIP 数据核字第 2025R19T16 号

责任编辑：刘晓婷　　责任校对：杜杏然

出版发行：化学工业出版社（北京市东城区青年湖南街13号　邮政编码 100011）

印　　装：大厂回族自治县聚鑫印刷有限责任公司

710mm×1000mm　1/16　印张10¼　字数300千字　2025年10月北京第1版第1次印刷

购书咨询：010-64518888　　售后服务：010-64518899

网　　址：http://www.cip.com.cn

凡购买本书，如有缺损质量问题，本社销售中心负责调换。

定　　价：69.00元

前言

PREFACE

在当今数字化时代，教育领域正经历着前所未有的变革。人工智能(AI)技术的快速发展为教育工作者带来了新的机遇和挑战。AI不仅能够帮助教师高效地完成教学任务，还能实现个性化教学，满足每个学生的学习需求。《AI教师助手：DeepSeek+AI智能体高效教学》正是在这样的背景下诞生的，它不仅是一本关于AI技术应用的指南，更是一次对教育与技术融合的深度探索。

DeepSeek和AI智能体作为一种强大的工具，能够为教师提供全方位的支持。从教学设计到课堂教学，从智能评测到班级管理，再到教师的专业发展，AI技术都能够发挥重要作用。本书从AI的基础应用入手，深入讲解了其在教学设计、课堂教学、智能评测、班级管理、教师发展以及智能体搭建等领域的应用。通过丰富的实战案例，展示了如何将AI技术融入到实际教学中，帮助教师快速掌握AI的应用要点。

在编写这本书的过程中，我们始终坚持以实用性和创新性为导向。我们希望教师不仅能够通过书中的案例学习到AI技术的具体应用方法，还能够从中获得启发，探索出适合自己的AI教学路径。AI技术并不是要取代教师，而是成为他们的强大助手，帮助教师更高效地实现教学目标。通过AI，教师可以突破传统教学模式的限制，发现新的教学方法，优化教学流程，提升学生的学习体验，并最终实现教育的高质量发展。

本书的目标读者包括中小学教师、高校教师、教育管理者以及对AI教育感兴趣的教育从业者。无论你是否具备技术背景，都能从这本书中找到适合自己的内容。对于初学者来说，书中的基础章节可以帮助你快速了解 AI 技术的核心概念和应用场景。对于有一定经验的教师来说，书中的高级应用和创新案例将为你提供新的思路和方法。

我们希望通过这本书，激发更多教育工作者对 AI 技术的兴趣和热情，同时也能够促进教育界和科技界的交流与合作。AI 技术的潜力是巨大的，但它的价值只有在实际应用中才能得到充分体现。我们相信，通过《AI 教师助手：DeepSeek+AI 智能体高效教学》的引导，教师将能够更好地理解和运用 AI 技术，开启一段探索 AI 教学的奇妙旅程，共同见证 AI 为教育带来的无限可能。

在未来，AI 技术将成为教育创新的关键因素。那些能够率先掌握并运用 AI 技术的教师和教育机构，将在教育改革中占据先机。我们期待这本书能够成为你的 AI 教学之旅中的良师益友，帮助你在 AI 时代找到属于自己的成功之路。让我们一起迎接 AI 带来的变革，探索未知的教育机遇，共创美好的未来。

目录

CONTENTS

第1章

DeepSeek 智能教学设计与开发

DeepSeek 为智能教学提供全方位技术赋能，显著提升教学创新效能。其智能算法与多模态数据处理能力可辅助教师精准制定差异化教学计划，实现“因材施教”。在资源整合方面，系统自动关联跨学科知识节点，构建教学资源矩阵，支持教师快速筛选重组教学内容。针对教学方案编写，DeepSeek 能自动生成结构化教案框架并推荐教学活动设计。

DeepSeek 结合其他工具，可以制作多模态课件，生成思维导图与知识图谱，搭建高保真课堂情境，支持沉浸式学习。通过深度应用，教育工作者可实现从经验驱动到数据驱动的教学决策转型，提升教学设计科学性，缩短课程开发周期，推动教育模式向精准化、个性化、智能化方向演进。

1.1 制定差异化教学计划

借助 DeepSeek 制定差异化教学计划，能显著提升教学效率与质量。它精准剖析学生学情，洞察学习优势与短板，设计分层任务，满足不同需求。同时生成多样评估工具，提供实用教学资源建议，让教学计划更科学且更具针对性。

步骤01 以初中数学（一元一次方程）为例，根据课程标准梳理核心知识点和分层目标。打开DeepSeek，在对话框中输入以下提示词，在撰写提示词时，建议按照“角色身份+教学主题+核心目标+框架要求+分层逻辑+具体侧重”的公式，进行提示词设定。可以根据这个公式，灵活调整和应用，以满足不同教学计划的制定需求。

提示词

我是一名初中数学老师，下周要教授“解一元一次方程”（人教版七年级上第三章），基于“解一元一次方程”这一核心目标，请按照布鲁姆分类法，帮我制定三个层次的教学目标（基础层、进阶层、拓展层）。基础层侧重基本步骤掌握，进阶层侧重灵活应用，拓展层侧重解决复杂问题或建模。

DeepSeek（因篇幅有限，对生成内容做部分展示）

核心目标：学生能够理解等式性质，掌握解一元一次方程的基本步骤（去分母、去括号、移项、合并同类项、系数化为 1），并能灵活运用这些技能解决相关问题。

分层教学目标设计（基于布鲁姆分类法）

1. 基础层：掌握步骤，理解原理（侧重：记忆、理解、基本应用）

记忆与理解：

• 学生能准确复述等式的基本性质 1（等式两边加 / 减同一个数或整式，等式仍成立）和性质 2（等式两边乘 / 除同一个不为 0 的数，等式仍成立）。

• 学生能识别一元一次方程的标准形式（$ax+b=0$，$a\neq 0$）。

• 学生能按顺序说出解一元一次方程的五个基本步骤：去分母、去括号、移项、合并同类项、系数化为 1。

• 学生能理解移项法则（移项要变号）是基于等式性质 1，去分母、去括号、系数化为 1 是基于等式性质 2。

应用（基础）

• 学生能正确应用五个基本步骤，求解系数为整数、不含分母或括号结构简单的一元一次方程（如：$3x-5=7$；$2(x+1)=10$。

略

步骤02 为不同层次的学生（如：基础组、标准组、挑战组）设计不同的学习任务、活动、练习和资源等。比如在DeepSeek对话框中输入以下提示词并发送。

提示词

请围绕“解带括号或分母的一元一次方程”这个知识点，设计三组练习题。

基础组：5 道直接应用去括号或去分母法则的方程（系数简单，步骤清晰）。

标准组：5 道需要结合移项、合并同类项的去括号 / 分母方程（系数稍复杂，可能有小数）。

挑战组：3 道需要灵活变形或含有多重括号 / 分母的方程，以及 1 道简单的应用题（如购物折扣问题）。

DeepSeek（因篇幅有限，对生成内容做部分展示）

1. 基础组（直接应用去括号 / 去分母法则）

（1）$2(x+3)=10$

（2）$\frac{x}{4}=5$

（3）$3(2x-1)=15$

（4）$\frac{2x}{3}=8$

（5）$4-(x-1)=0$

2. 标准组（结合移项、合并同类项）

（1）$2(x-3)+4x=20$

（2）$\frac{x+1}{2}-3=1$

（3）$0.5(3x-4)=2x+1$（含小数系数）

（4）$\frac{2x-1}{3}=x+2$

（5）$3(1-2x)=5x-7$

略

步骤03 安排课堂时间分配，明确何时进行全班教学、何时分组活动、何时个别辅导。设计分组方式和座位安排（如异质分组、同质分组）等。比如在DeepSeek对话框中输入以下提示词并发送。

提示词

请为我设计一个时长为 45 分钟的“解一元一次方程（含分母）”课堂流程草案，要求如下：

5 分钟：导入（复习等式性质，联系生活实例）。

15 分钟：差异化核心教学（如何设计？是全班讲完基础再分组，还是直接分组？请说明）。

20 分钟：分层练习与指导（基础组做什么？标准组做什么？挑战组做什么？教师如何巡回指导？）。

5 分钟：小结与反馈（如何让不同层次学生都有收获？）。

重点说明差异化核心教学和分层练习环节的设计。

DeepSeek（因篇幅有限，对生成内容做部分展示）

以下是为时长为 45 分钟“解一元一次方程（含分母）”课堂设计的差异化教学流程草案，重点突出核心环节的可操作性：

课堂流程草案

1. 导入环节：激活旧知，生活切入（5分钟）

（1）复习等式性质

提问：①等式两边同时加减乘除同一个数会怎样？②解方程 $2x+3=9$ 的步骤？

板书演示：用天平模型解释等式性质（如：两边同乘3保持平衡）。

（2）生活实例

展示：披萨分给4人，每人得1/4个。若需每人得1个，需多少披萨？

→引出方程 $\frac{x}{4}=1$，强调分母的实际意义。

2. 差异化核心教学：分层突破（15分钟）

策略：先全班统一基础，再分组深化——兼顾效率与针对性

Step 1：全班统一教学（8分钟）

核心示范：解方程 $\frac{2x-1}{3}=5$

板书步骤：

（1）去分母：两边同乘3 → $2x-1=15$

（2）移项：$2x=16$

（3）系数化1：$x=8$

略

步骤04 设计用于检测不同层次学生学习效果的评估方式，如分层测试题、项目、观察量表、学习反思等。比如在DeepSeek对话框中输入以下提示词并发送。

提示词

请为“一元一次方程单元”设计一份分层测验卷（A卷基础，B卷标准，C卷挑战）。每卷包含：

概念理解题（填空/选择）2题。

解方程题3题（难度递增）。

应用题1题（A卷简单情境，C卷较复杂或多步骤）。

请确保A卷覆盖最核心要求，C卷体现拓展能力。给出评分标准建议。

DeepSeek（因篇幅有限，对生成内容做部分展示）

一元一次方程分层测验卷

A卷（基础层）

目标：检测等式性质理解、基本解法步骤掌握、简单情境建模

一、概念理解（每题3分，共6分）

1. 等式性质填空：若 $2x=8$，则 $2x-3=8-3$（依据性质____）；

→答案：性质1（等式两边减同一数）

2. 解方程 $3x-1=5$ 的第一步是（ ）

A. 移项 B. 合并同类项 C. 系数化 D. 去括号

→答案：A

二、解方程（每题5分，共15分）

1. $4x + 3 = 19$

→答案：$x = 4$

2. $2(x - 1) = 10$

→答案：$x = 6$

3. $\frac{x}{5} = 3$

→答案：$x = 15$

略

步骤05 为不同需求的学生准备辅助性资源（如步骤提示卡、拓展阅读材料、在线学习链接）和干预策略（如对困难学生的额外辅导计划）。比如在DeepSeek对话框中输入以下提示词并发送。

提示词

针对总是忘记“移项要变号”的学生，设计一个简短（5 分钟内）的补救性微课脚本大纲，用生动的方式（如类比、口诀）帮助他们理解和记忆。

DeepSeek（因篇幅有限，对生成内容做部分展示）

微课主题：《移项变号大作战——数学界的“搬家规则”》

时长：5 分钟

教具：磁贴数字牌、左右分区的白板（画有“= 号河”）

脚本大纲

1. 痛点切入（1 分钟）

情景还原：

“老师发现，有些同学解方程时总出现这样的错误（板书）：

$3x + 5 = 2x - 1 \rightarrow 3x + 2x = -1 + 5$（画 ×）

结果：左 5 个 x，右边 4，全军覆没！”

提问互动：

“为什么右边的 $2x$ 搬家到左边还是 $+2x$？就像冬天你把冰箱里的冰块搬到阳台——它会不变吗？”（引发思考）

略

1.2 整合跨学科教学资源

在跨学科教学资源整合中，DeepSeek 应用价值显著。它信息检索能力强，能从海量数据中精准定位内容，内容生成能力出色，可生成高质量教学素材。凭借高效逻辑关联与知识重组能力，它能剖析学科间内在联系，将零散知识系统化。教师借助它可节省备课时间，高效设计融合多学科知识、富有创意的学习任务，提升教学质量。

步骤01 选定一个核心学科主题，明确要融合哪些学科、达到什么目标（如理解、应用、批判性思维），为后续资源整合提供清晰方向。

以初中生物《生态系统》为例，包括食物链、能量流动、生物多样性，融合学科包括：地理（气候与生态系统分布、人类活动对环境影响）、数学（种群数量变化数据统计、图表分析）、道德与法治（环境保护责任、可持续发展政策）。

步骤02 让DeepSeek围绕主题生成或整理多学科知识点、案例、数据，能快速获取可信、结构化内容，节省备课时间。打开DeepSeek，在对话框中输入以下提示词，在撰写提示词时，建议按照“角色设定+核心主题+跨学科要求+内容规范+输出格式”的公式，进行提示词设定。可以根据这个公式，灵活调整和应用，以满足不同的教学需求。

提示词

你是一位初中生物老师，请为学生设计“生态系统”跨学科学习资源，要求如下：

• 列出生物（食物网、能量金字塔）、地理（气候带与森林分布）、数学（种群增长率计算）、道德与法治（环保法规）的核心知识点；

• 每个知识点配 1 个现实案例（如：亚马逊雨林砍伐数据）；

• 用表格整理，分学科、知识点、案例三列。

DeepSeek（因篇幅有限，对生成内容做部分展示）

生态系统跨学科学习资源：

生物学科—生态系统的结构与功能

核心知识点	知识详解	现实案例
食物网与能量传递	食物网由生产者、消费者、分解者构成；能量沿营养级单向流动，传递效率约10%（能量金字塔）	苔原生态系统脆弱性 北极苔原地衣→驯鹿→狼/人类构成简单食物网。地衣若因污染受损，驯鹿种群崩溃，影响爱斯基摩人生存
能量金字塔	营养级越高，能量越少，生物量越少，形成金字塔结构；顶级捕食者数量最少	海洋能量损失 浮游植物（生产者）→磷虾（初级消费者）→鱼类（次级消费者）→海豹（顶级捕食者），能量逐级锐减，支持“少吃海鲜”的生态逻辑

略

步骤03 基于生成的知识点，设计一个综合性的探究任务、实验或项目，让学生在多学科交叉中应用知识，提升综合素养。在DeepSeek对话框中输入以下提示词。

提示词

设计一个初中跨学科项目，主题为《保护本地湿地生态系统》：
任务 1（生物）：调查湿地中的生物种群，绘制食物网；
任务 2（地理）：分析湿地周边土地利用变化（用卫星图对比）；
任务 3（数学）：统计近 5 年水质数据，制作变化折线图；
任务 4（道德与法治）：撰写倡议书，提出保护措施并引用《中华人民共和国环境保护法》条文；
请输出项目框架、任务说明和评价标准建议。

DeepSeek（因篇幅有限，对生成内容做部分展示）

《保护本地湿地生态系统》跨学科项目设计
【项目框架】
- 周期：4~6 周（16~20 课时）
- 流程：实地考察→数据收集→分析研究→成果整合→倡议行动

【项目目标】
- 掌握生态系统研究方法
- 提升数据收集与分析能力
- 理解环保政策与现实应用
- 培养环境责任感和行动力

略

步骤04 将生成的知识点、案例、活动方案、习题等整理为可下载/打印的资源包，便于教师直接用于课堂或学生自学。在DeepSeek对话框中输入以下提示词。

提示词

请生成一份《生态系统跨学科学习资源包》，包含：
1. 知识导图（生物 + 地理 + 数学关联）；
2. 真实数据集（如某湖鱼类种群 10 年变化，含数学计算题）；
3. 环保法律条文摘要（道德与法治）；
4. 五道跨学科情境题（例：结合气候变暖 + 物种灭绝，讨论人类责任）。

DeepSeek（因篇幅有限，对生成内容做部分展示）

《生态系统跨学科学习资源》
一、知识导图：生物 + 地理 + 数学关联
主题：湿地生态系统的动态平衡
1. 生物维度
- 生物群落：生产者（水草）、消费者（鱼类、鸟类）、分解者（微生物）
- 食物网：藻类→浮游动物→鱼类→鸟类，能量流动效率约 10%
- 生物多样性：崇明湿地鸟类种类与栖息地面积正相关

2. 地理维度

• 空间分布：湿地形成与地形（如长江三角洲沉积）、气候（亚热带季风降水）相关

• 人类活动影响：围垦导致水域面积减少，气温升高加速蒸发

3. 数学维度

• 种群增长模型：逻辑斯蒂方程模拟鱼类资源承载量

• 数据分析：十年间某湖鱼类数量变化折线图（年均增长率计算）

• 空间比例：湿地占区域总面积比例与碳汇能力相关性

略

1.3 编写教学方案

运用 DeepSeek 编写教学方案高效且系统。它凭借智能算法和海量数据，能快速生成教案框架、分层任务、实验设计等，提升备课质量和效率。但 DeepSeek 不是取代教师思考，而是作为得力助手，完成烦琐的机械工作，让教师聚焦创意构思与互动设计，打造魅力课堂。

步骤01 在准备教学方案时，需明确以下关键信息：首先确定教学主题，如“勾股定理”“光合作用”或“议论文写作”等具体知识点；其次明确教学对象，包括学生的年级或水平，例如“八年级学生”或“高中英语B2级”；接着规划课时安排，是一课时还是单元整体设计；核心目标要清晰，例如学生学完后“能独立解一元二次方程”；最后考虑特别要求，是否需要融入探究活动、跨学科元素或使用技术工具等。

步骤02 打开DeepSeek，在对话框中输入以下提示词，在撰写提示词时，建议按照“学科+教学主题+教学对象+课时安排+核心目标+特别要求”的公式，进行提示词设定。可以根据这个公式，灵活调整和应用，以满足不同的教学需求。

提示词

请设计一份地理学科主题为《热带雨林气候》的教学方案，授课对象是八年级学生，课时 45 分钟。教学目标体现区域认知素养，需包含小组合作和可视化素材。

DeepSeek（因篇幅有限，对生成内容做部分展示）

八年级地理教案：热带雨林气候

授课对象：八年级学生

时长：45 分钟

授课教师：[您的姓名]

日期：[填写日期]

一、教学目标（体现区域认知素养）

1. 知识与技能：

• 准确说出热带雨林气候的主要分布区域（赤道附近，如亚马孙平原、刚果盆地、东南亚马来群岛等）。

• 描述并分析热带雨林气候的典型特征（全年高温多雨，各月平均气温在 25℃以上，年降水量在 2000 毫米以上且季节分配均匀）。

• 理解热带雨林气候与热带雨林植被的密切关系。

• 初步掌握阅读和分析气候直方图（气温曲线和降水柱状图）的能力。

2. 过程与方法：

• 通过小组合作探究气候特征，培养信息提取、归纳总结和合作交流能力。

• 运用地图、气候图、卫星影像、视频等可视化素材，增强空间感知能力和对地理现象的直观理解。

略

步骤03 基于生成的教学方案，还可进一步细化教学活动设计。比如在DeepSeek对话框中输入提示词。

提示词

请为本次课的导入环节推荐三个可视化素材的链接或关键词。

DeepSeek（因篇幅有限，对生成内容做部分展示）

1. 动态世界气候类型分布图（突出雨林区）

关键词搜索：世界气候类型分布图动态高清、热带雨林气候全球分布彩图

推荐理由：

• 直观展示热带雨林气候沿赤道呈带状分布的规律（如亚马孙盆地、刚果盆地、东南亚群岛三大核心区），强化“赤道附近”的空间定位。

• 动态高亮效果可对比雨林气候与其他热带气候（如草原、沙漠）的分布差异，自然引出“为何同属热带却景观不同”的疑问。

教学应用：

结合提问：“阴影区域分布有何共同点？它们属于哪种气候？”引导学生观察赤道位置，建立区域认知基础。

略

步骤04 教学方案生成后还可持续优化，比如将实际课堂效果反馈给DeepSeek请求改进。比如课堂反馈学生在对比热带草原气候与热带季风气候时，60%学生混淆了两者的降水特征，小组讨论时出现概念性错误。在DeepSeek对话框中输入提示词。

提示词

原教案中热带气候对比环节效果不佳，学生易混淆草原气候与季风气候的降水差异。请优化设计：

1. 增加可视化对比工具（如双色柱状图 / 动态降水模式图）。
2. 设计一个防混淆记忆口诀（20 字以内）。
3. 添加诊断性练习题（2 道选择题 +1 道纠错题）。

DeepSeek（因篇幅有限，对生成内容做部分展示）

一、可视化对比工具优化（替换原简单图表）
1. 双色动态降水柱状图（图片略）
2. 降水模式概念动图（图片略）
二、防混淆记忆口诀（20 字以内）
“季风跳变旱涝急，草原渐旱雨少稀”
口诀解析：
前半句：季风气候降水跳跃式变化（跳变），易引发旱涝急转灾害
后半句：草原气候旱季渐长（渐旱），降水总量少且分散（雨少稀）
略

1.4 生成多模态课件

DeepSeek 助力教师高效生成 PPT 大纲，与多种工具协同，实现课件一体化制作。教师从烦琐事务中解脱，投入教学设计与互动，从“知识传授者”转型为“学习引导者”，推动教学质量提升，带来教育新变革。

1.4.1 生成PPT课件

DeepSeek 与 Kimi 协同助力教师高效制作课件。教师先用 DeepSeek 生成精准课程大纲，再提交给 Kimi 进行排版整合，快速生成美观、条理清晰的 PPT 课件，显著提升备课效率。

步骤01 以初中物理《牛顿第一定律》为例，PPT大纲需包含章节标题、核心知识点、关键问题及视觉元素建议，覆盖力的作用效果、定律内容理解及惯性现象应用等关键点。打开DeepSeek，按“角色设定+核心任务+主题+教学对象+详细要求+输出格式”公式输入提示词，灵活调整满足需求。

提示词

你是一位经验丰富的初中物理教师。请为我设计一份用于《牛顿第一定律》（面向初中二年级学生）课堂教学的 PPT 课件详细大纲。要求如下：

1. 结构清晰：使用分层级的大纲格式（如 Markdown 的 #,##,-）。大纲应包含约 6 ~ 8 个主要部分（对应 PPT 主要页面）。

2. 核心内容（必须覆盖）

• 力的作用效果（改变物体运动状态）。

• 亚里士多德的错误观点（力是维持运动的原因）及其局限性。

• 伽利略的理想斜面实验（关键推理过程和结论）。

• 牛顿第一定律的准确表述和核心含义（一切物体在没有受到外力作用时……）。

• 惯性概念的定义与理解（物体保持静止或匀速直线运动状态的性质）。

• 生活中的惯性现象（至少 3 个，如刹车时人前倾、拍打灰尘、泼水等）及其解释。

• 惯性的应用与防范（如安全带、安全气囊）。

• 强调“力是改变物体运动状态的原因，而不是维持运动的原因”。

3. 教学设计：

• 包含一个吸引人的课堂引入（可从生活现象或小实验开始）。

• 在关键知识点处设计 1 ~ 2 个课堂提问 / 互动环节。

• 包含一个简短的课堂小结。

•（可选）设计 1 ~ 2 道基础课堂练习题（选择题或解释现象）。

4. 视觉化建议：在每部分内容后，用括号简要建议可使用的视觉元素类型（如图片类型：小车实验图、伽利略斜面图、刹车人前倾漫画；动画类型：理想实验模拟动画、安全带碰撞演示；视频类型：短小精悍的生活现象视频）。

5. 语言风格：适合初中生理解，简洁明了，重点突出。

请输出完整的大纲。

DeepSeek（因篇幅有限，对生成内容做部分展示）

以下是为初中二年级《牛顿第一定律》设计的 PPT 课件详细大纲（Markdown 格式），符合要求并融入教学策略：

初中物理《牛顿第一定律》PPT 课件大纲

一、引入：运动需要力来维持吗？

现象观察：用力推桌子，桌子才动；停止推，桌子停下来。（图片：推静止的桌子、松手后桌子停下）

直觉观点（亚里士多德）：力是维持物体运动的原因。

设疑：踢出去的足球，离开脚后还能飞一段距离，这时维持它运动的力是什么？（图片：踢足球动画）

引发认知冲突。

略

步骤02 仔细阅读生成的大纲，看是否符合要求，对不满意的部分进行修改、删除或补充。可能需要多次微调提示词或与DeepSeek对话来优化大纲。

步骤03 打开Kimi官网，单击“Kimi+”按钮，接着单击“新PPT助手”按钮。将DeepSeek生成的大纲粘贴到对话框中，然后单击对话框右下的向上箭头发送，如图1.4-1所示。

图1.4-1

步骤04 Kimi对上传的大纲进一步解析，解析完成后，单击最下方的“一键生成PPT”按钮，如图1.4-2所示。

图1.4-2

步骤05 在弹出的窗口中选择合适的模板，如图1.4-3所示，再单击“一键生成PPT”按钮。

步骤06 等待生成PPT，生成的效果如图1.4-4所示。可以对生成的PPT进行进一步的编辑，如添加图片、调整字体、颜色等，最后单击右上角的“下载”按钮即可导出PPT。

图1.4-3

图1.4-4

1.4.2 插入演示动画

在课件中插入演示动画，可以更直观帮助学生理解牛顿第一定律描述的运动情景，增强学生对定律的理解和记忆。

步骤01 打开DeepSeek，在对话框中输入提示词，单击发送按钮。

提示词

你是一名物理老师，请设计一个牛顿第一定律的简单演示动画，以 HTML 格式输出，要求能正常运行。

DeepSeek（因篇幅有限，对生成内容做部分展示）

牛顿第一定律演示动画

下面是一个展示牛顿第一定律的 HTML 动画演示。牛顿第一定律（惯性定律）指出：任何物体都要保持匀速直线运动或静止状态，直到外力迫使它改变运动状态为止。

设计思路

- 创建一个无摩擦的水平面（蓝色背景）
- 添加一个可以运动的物体（球体）
- 通过按钮模拟施加外力的情况
- 直观展示物体在有无外力时的运动状态

略

步骤02 单击生成的HTML代码框右上的“运行”按钮，可在网页查看此演示动画，如图1.4-5所示。

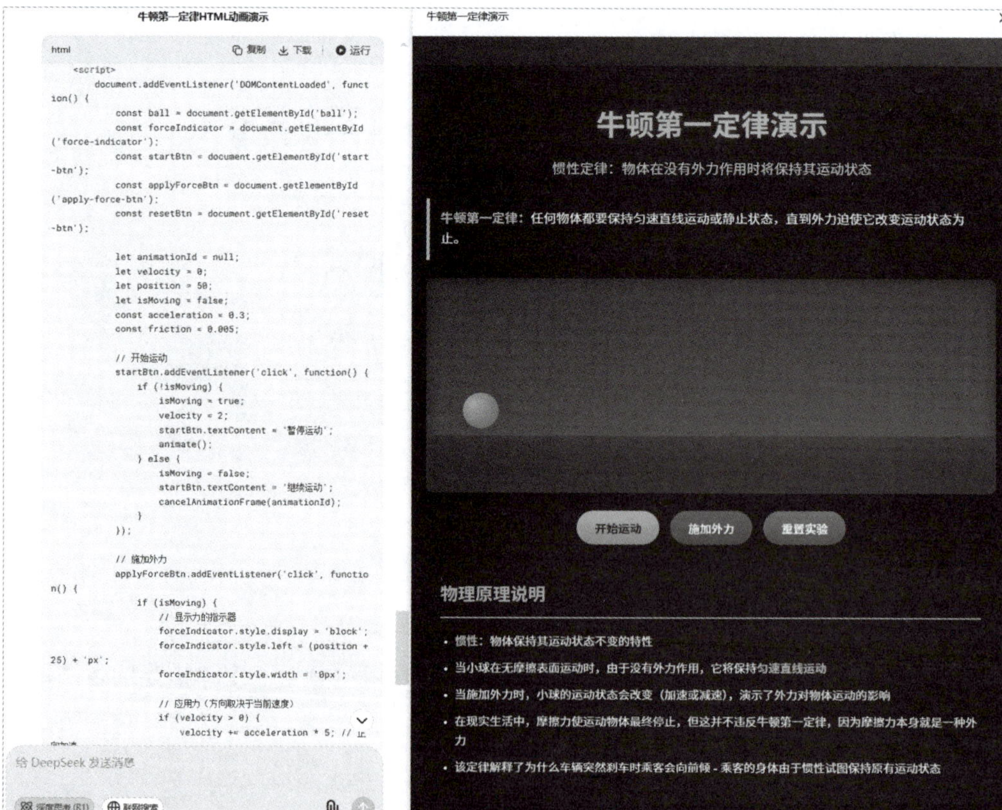

图1.4-5

步骤03 若动画演示有问题，还可继续在DeepSeek对话框中输入提示词，要求检查并修改代码，直到动画演示无误，单击HTML代码框右上的“下载”按钮，保存此HTML文件。

提示词

点击“开始运动”后小球无反应，请检查并修改代码，确保能正常运行。

DeepSeek（因篇幅有限，对生成内容做部分展示）

牛顿第一定律演示动画（修复版）

我发现了问题所在并进行了修复。主要问题是物理引擎初始化和小球施加力的逻辑需要调整。以下是修复后的完整代码：

略

步骤04 打开下载的PPT，在需要此演示动画页面，选中相应文字，点击右键，选择右键菜单中的“超链接”，在弹出的提示框中选择保存的HTML文件，如图1.4-6所示。

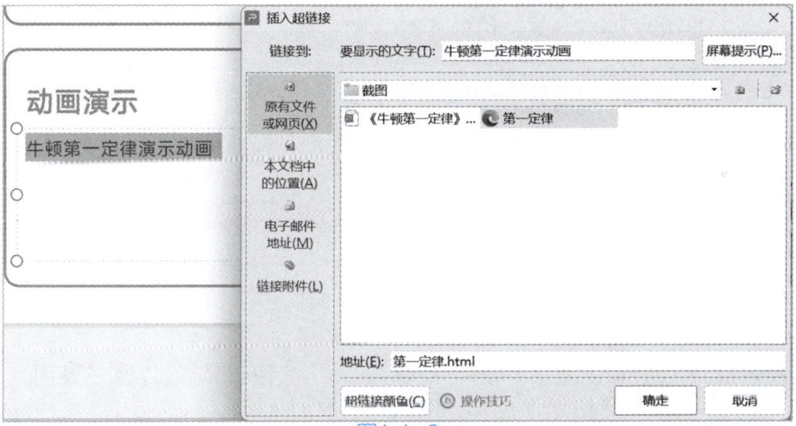

图1.4-6

步骤05 在PPT演示时，点击带有此超链接的文字，即可播放插入的演示动画了。

1.5 构建思维导图与知识图谱

DeepSeek 是教育领域的前沿 AI 工具，具备高效内容生成、智能深度分析和多工具无缝联动三大核心能力。它解决了传统思维导图制作流程冗长、场景适配性受限的问题，其知识图谱能智能解析教学场景中的知识关联，实现精准推送与个性化适配。DeepSeek 不仅提升了教育全流程的效率，还成为推动教育数字化转型、构建智慧教育新生态的关键技术支撑。

1.5.1 构建思维导图

DeepSeek 的智能提炼功能可精准捕捉课本核心要点，结合 XMind 的思维导图生成能力，快速构建层次分明、逻辑严谨的知识框架。这一组合助力教师高效梳理知识体系，解决传统教学中资料繁杂、检索低效的难题，有力支持教学创新与质量提升。

步骤01 以初中历史《丝绸之路》单元教学为例，打开DeepSeek，在对话框中输入提示词。撰写提示词时，建议按照“输出格式+主题定位+核心结构+节点要求+呈现方式”的公式进行提示词设定。可以根据这个公式，灵活调整和应用，以满足不同的需求。

提示词

请以 Markdown 格式生成初中历史《丝绸之路》一课的思维导图大纲，包含背景、路线、经济文化影响、现代启示 4 个主分支，每个主分支下设 3 个子节点，用树状结构呈现。

步骤02 DeepSeek生成的思维导图大纲如图1.5-1所示，单击Markdown窗口右上角的“下载”按钮，将生成的Markdown格式（.md）的思维导图大纲保存到本地。

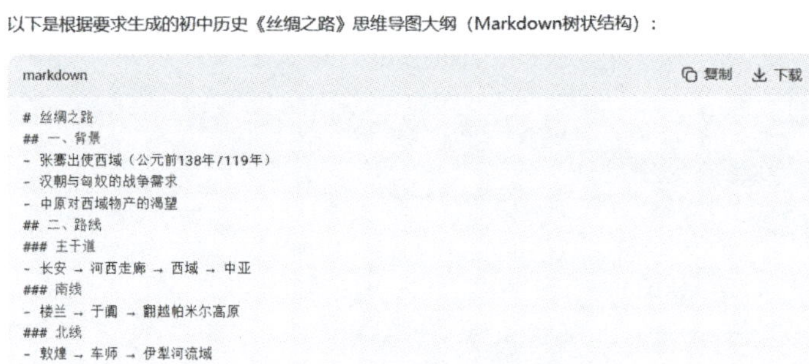

图1.5-1

步骤03 打开XMind主页，单击“新建导图”按钮进入空白导图界面，单击左侧工具菜单中的“导入文件”按钮，如图1.5-2所示。

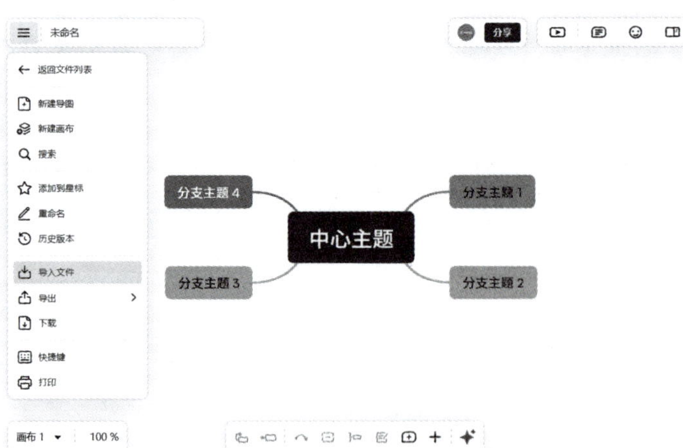

图1.5-2

步骤04 单击导入文件界面灰色框中的“+”，上传保存的思维导图大纲文件，然后单击“导入”按钮，如图1.5-3所示。

图1.5-3

步骤05 生成的思维导图如图1.5-4所示。可以根据需要调整布局、颜色、字体等。完成调整后，单击左侧菜单中的“导出”按钮，将思维导图导出为PDF/PNG/JPEG格式文件保存。

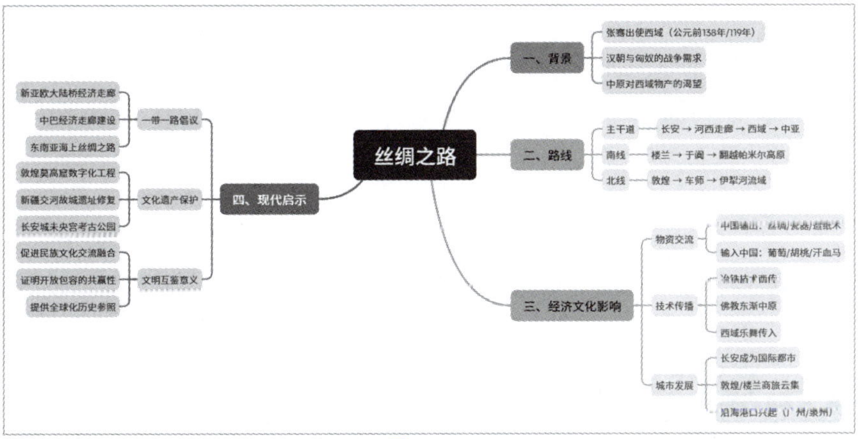

图1.5-4

1.5.2 构建知识图谱

传统构建知识图谱的方法高度依赖人工投入，且呈现出静态固化的特征，难以适应动态变化。而 DeepSeek 的出现，为知识图谱发展带来变革，推动其朝着智能动态化方向加速演进。凭借强大的智能处理能力，DeepSeek 使知识图谱成为现代课堂中的高效认知引擎，助力教学实现质的飞跃。

打开 DeepSeek，在对话框中输入提示词。

> **提示词**
>
> 请围绕“牛顿运动定律”构建一个知识图谱，包括核心概念、公式、相互关系、典型应用场景和易错点。

DeepSeek（因篇幅有限，对生成内容做部分展示）

牛顿运动定律知识图谱

1. 相互关系

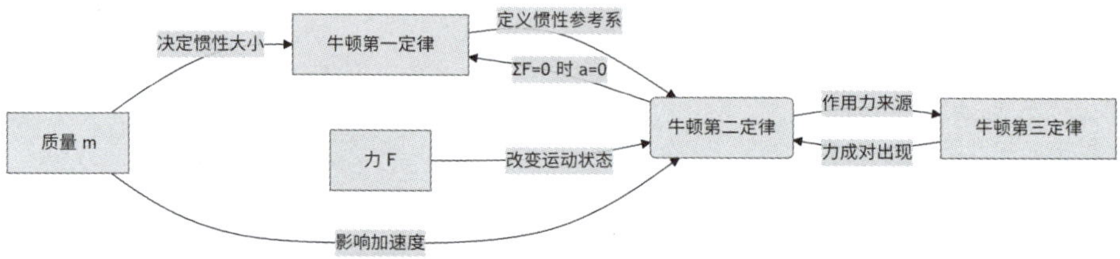

2. 核心概念

概念	说明
牛顿第一定律	惯性定律：物体不受外力时保持静止或匀速直线运动状态
牛顿第二定律	动力学核心：物体加速度与合外力成正比，与质量成反比（F=ma）
牛顿第三定律	作用力与反作用力：两物体间相互作用力等大、反向、共线、同存同灭
惯性	物体抵抗运动状态改变的性质（质量是惯性量度）
力	改变物体运动状态的原因（矢量：大小、方向、作用点）
质量	物体惯性大小的量度（标量），区别于重力

略

1.6 搭建虚拟仿真课堂情境

DeepSeek 作为一款智能教学辅助工具，具备强大的课堂情境模拟能力。教师仅需输入教学主题或具体情境需求，系统即可依托先进的自然语言处理技术，自动生成高度契合教学目标的课堂对话脚本、典型教学案例及多样化互动场景。这一功能不仅有效丰富了教学手段，更通过沉浸式情境设计显著提升了学生的学习参与度，为构建互动性强、体验感优的新型课堂提供了技术支撑，助力教师实现教学创新与效果提升的双重目标。

步骤01 需求分析与目标设定。以虚拟过氧化氢分解实验仿真系统为例，过氧化氢（H_2O_2）分解是高中化学“化学反应速率与催化剂”核心知识点，传统实验受限于催化剂用量、温度控制的精确性，学生难以直观观察速率差异。虚拟仿真可突破这些限制。

核心教学目标：

- 探究不同催化剂（MnO_2、$FeCl_3$、酶）对H_2O_2分解速率的影响；
- 理解浓度、温度对反应速率的作用规律；
- 学会通过O_2体积变化分析反应速率（定量分析）；

• 培养变量控制实验设计能力。

步骤02 生成基础仿真代码。打开DeepSeek，在对话框中输入提示词。在撰写提示词时，建议按照“角色定位+核心任务+输出要求+界面布局+交互逻辑+动画效果+其他设定”的公式进行提示词设定。可以根据这个公式，灵活调整和应用，以满足不同场景下的需求。

提示词

你是一名中学化学教师，请生成过氧化氢分解实验仿真系统的 HTML 文件，要求：

1. 左侧 1/3 区域设置器材选择区（烧杯 /$FeCl_3$ 溶液 / 肝脏研磨液）。
2. 右侧 2/3 区域显示 4 支试管，支持拖拽器材到试管触发反应。
3. 当选择 90℃水浴时，试管内出现气泡加速动画。
4. 添加实时数据面板显示反应速率数值。

DeepSeek（因篇幅有限，对生成内容做部分展示）

以下是一个完整的 HTML 文件，实现了您要求的过氧化氢分解实验仿真系统：

```
<!DOCTYPE html><html lang="zh-CN"><head>
    <meta charset="UTF-8">
    <meta name="viewport" content="width=device-width, initial-scale=1.0">
    <title> 过氧化氢分解实验仿真系统 </title>
    <style>
      body {
        font-family: 'Microsoft YaHei', sans-serif;
        margin: 0;
        padding: 0;
        display: flex;
        height: 100vh;
        background-color: #f5f5f5;
      }
```

略

步骤03 单击生成的HTML代码框右上的“运行”按钮，可在网页查看此实验仿真系统，如图1.6-1所示。

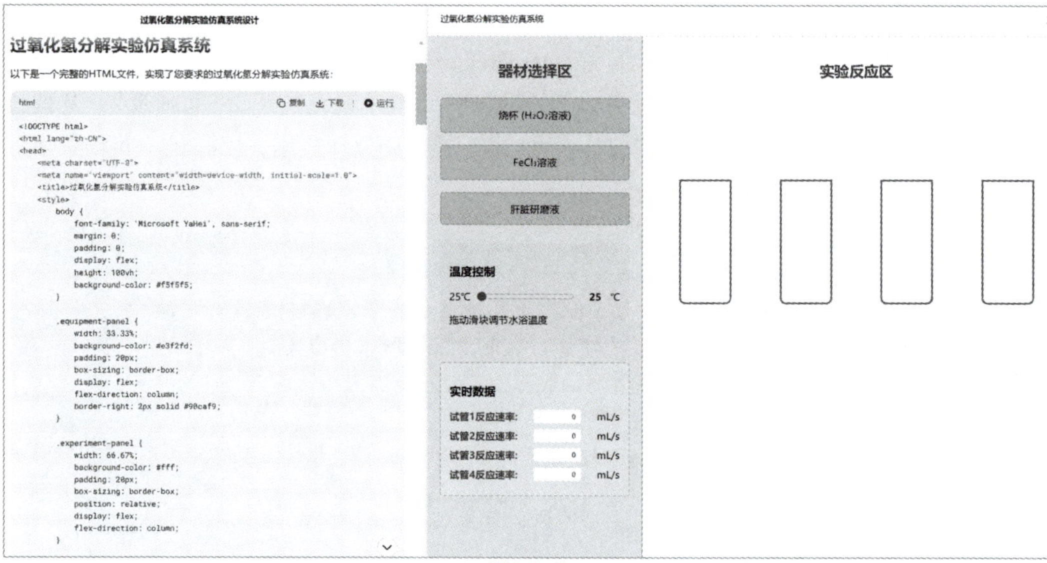

图1.6-1

步骤04 若实验仿真系统有问题，还可继续在DeepSeek对话框中输入提示词，要求检查并修改代码，直到实验仿真系统无误，单击HTML代码框右上的“下载”按钮，保存此HTML文件。

提示词

实时数据处显示的数值有问题，请检查并修改代码，确保能正常运行。

DeepSeek（因篇幅有限，对生成内容做部分展示）

过氧化氢分解实验仿真系统（修复版）

我检查了代码并修复了实时数据面板的问题。主要问题是反应速率计算逻辑不够准确，现在我已经优化了算法，使显示的反应速率更加符合化学实验的实际表现。以下是修复后的完整代码：

略

1.7 总结教研内容

教师能够借助 DeepSeek 高效开展教研内容总结工作。教师仅需精准输入教研内容的核心要点，DeepSeek 便能迅速对信息进行梳理整合，精准提炼出关键信息，深度挖掘并凸显教学重点。这一过程不仅大幅减少了教师手动整理资料的时间与精力消耗，还能确保总结内容全面、准确且有条理，切实有效地提升教研工作的效率，为教学质量的提升提供有力支撑。

步骤01 整理教研原始材料，比如初中语文教学组研讨“民俗文化”单元的教学设计，讨论重点是教学目标是否需加入“批判性思考传统习俗”的维度？活动设计方面教师各抒己见，待解决问题有如何平衡创新活动和基础能力训练、跨学科合作（历史+美术）的具体分工等。只需将所有会议记录内容整理成文件即可。

步骤02 打开DeepSeek，单击对话框中的“上传附件”按钮，上传此次总结的教研记录文件，并在DeepSeek的对话框中输入提示词。在撰写提示词时，建议按照“角色定位+结构化要求+其他特殊要求+精准约束”的公式进行提示词设定。可以根据这个公式，灵活调整和应用，以满足不同场景下的需求。

提示词

你是一位语文教研专家，请总结上传的初中语文教研会议记录，要求：

1. 按【核心议题】归类讨论内容。
2. 每个议题下分：
- 共识 / 亮点
- 争议 / 困难
- 建议 / 解决方案
3. 特别标注“待办事项”并明确负责人。
4. 用表格对比两种活动设计的优缺点。
5. 最后提炼一句不超过 20 字的研讨精神。

DeepSeek（因篇幅有限，对生成内容做部分展示）

《初中语文“民俗文化”单元教学研讨总结》

议题	共识/亮点	争议/困难	建议/解决方案
教学目标	增加文化批判思维目标	目标表述过于抽象	分层设计：基础（认知民俗）+拓展（辩证分析）
活动设计	用数字化手段（短视频）提升兴趣	设备不足可能造成公平性问题	提供校内设备借用制度+允许图文手账替代
评价创新	小组互评提升参与度	评分标准缺乏细则	下周王老师牵头制定量规模板

略

1.8 梳理知识要点

借助 DeepSeek 进行知识要点的系统化梳理，能够显著优化备课流程，通过智能分析教学内容，自动生成层次分明的知识图谱与逻辑框架。这种技术赋能的教学方式不仅帮助教师高效整合教学资源，更可为学生构建多维度的认知体系，实现知识内化的加速转化，为精准教学与个性化学习提供强有力的技术保障。本节主要以如何用 DeepSeek 提炼章节 / 单元核心要点、对比辨析易混淆概念、生成知识总结 / 复习纲要这三点为例。

1.8.1 提炼章节/单元核心要点

利用DeepSeek可高效提炼章节或单元的核心要点，精准抓取文本关键信息，并自动构建条理清晰、层次分明的知识骨架。这一功能不仅提升了教学准备效率，更为教师提供了结构化的教学蓝图，助力实现精准施教。

打开 DeepSeek，在对话框中输入提示词，在撰写提示词时，建议按照“角色与任务 + 分类框架 + 内容规则 + 格式与用途要求”的公式进行提示词设定。可以根据这个公式，灵活调整和应用，以满足不同的需求。

提示词

你是一位初中语文教师。请根据以下七年级下册《散文两篇》(《春》《济南的冬天》) 的课文内容提炼本单元核心要点，要求：

1. 按“主题思想—写作手法—语言特色—情感表达”分类。
2. 每类用 3 ~ 5 个关键词 +1 句简释概括。
3. 输出为带符号的分点列表，语言精练，适合制作课件导图。

DeepSeek（因篇幅有限，对生成内容做部分展示）

《散文两篇》核心要点：

1. 主题思想

关键词：自然礼赞 / 生命觉醒 / 季节特质 / 生活意趣

简释：深情歌颂自然之美与生命力，展现特定季节（春之生机、冬之温晴）的独特魅力与生活情趣。

2. 写作手法

关键词：多觉描写 / 拟人修辞 / 对比映衬 / 视角转换 / 虚实结合

简释：综合运用视觉、听觉、触觉等多感官描写；赋予景物人格化情感；善用对比突出特点；灵活变换观察视角；融入联想与想象。

3. 语言特色

关键词：诗意凝练 / 口语韵味 / 节奏韵律 / 善用叠词 / 雅俗共赏

简释：《春》语言精致优美、富有诗意与韵律感；《济南的冬天》语言质朴亲切、充满口语化生活气息；两篇均善用叠词增强表现力。

4. 情感表达

关键词：挚爱自然 / 生活热忱 / 地域深情 / 积极乐观 / 细腻体察

简释：抒发对大自然深切的喜爱与赞美，饱含对生活的热爱与积极态度，流露出对特定地域（济南）的温情，体现作者敏锐细腻的观察与感悟。

略

1.8.2 对比辨析易混淆概念

借助DeepSeek对易混淆概念进行对比分析，能以精准的逻辑和清晰的呈现助力学生有效区分相似概念，精准定位并破解认知误区，为其构建起清晰、准确的知识体系。

打开 DeepSeek，在对话框中输入提示词。在撰写提示词时，建议按照“角色与任务 + 对比维度 + 联系与混淆点说明 + 格式结构要求”的公式进行提示词设定。可以根据这个公式，灵活调整和应用，以满足不同的需求。

提示词

你是一位高中物理教师，请用表格对比高中物理“功”和“能”的概念，要求：

1. 包含：定义、单位、标矢性、决定因素、典型实例。
2. 特别说明两者的联系（如：功是能量转化的量度）。
3. 指出学生常混淆点（例：误认为“物体具有多少功”）。
4. 表格行标题为比较维度，列标题为“功”“能”“联系与区别”。

DeepSeek（因篇幅有限，对生成内容做部分展示）

以下为高中物理“功”与“能”的对比表格，重点突出概念核心、联系与常见误区：

比较维度	功	能	联系与区别
定义	力在物体位移方向的分量与位移大小的乘积	物体做功的本领或能力（状态量）	核心联系：功是能量转化的量度。做功过程必然伴随能量转化（如重力做功↔重力势能变化）
单位	焦耳（J），1J=1N·m	焦耳（J）	单位相同，体现两者本质关联
标矢性	标量（有正负：正功表示动力做功，负功表示阻力做功）	标量（仅有大小，无方向）	均为标量，但功的正负表示能量传递方向（输入/输出），能的值表示物体状态

略

1.8.3 生成知识总结/复习纲要

借助DeepSeek工具生成知识总结与复习纲要，能够智能化整合零散的知识碎片，通过结构化的梳理与呈现，构建出系统化的复习材料，能极大提高学习效率，更助力学习者精准把握核心要点，形成全面而深入的知识认知体系。

打开DeepSeek，在对话框中输入提示词，在撰写提示词时，建议按照“角色与任务+内容阶段划分+阶段内容要素+重点标注规则+输出形式要求”的公式进行提示词设定。可以根据这个公式，灵活调整和应用，以满足不同的需求。

提示词

你是一位初三历史教师。请为"中国抗日战争(1931—1945)"专题制作一份复习纲要，要求：

1. 按时间轴分阶段（局部抗战→全面抗战→战略反攻）。
2. 每阶段包含：重大事件、关键人物、历史意义。
3. 用符号标注必背考点（★）、易错点（！）。
4. 最后附3道材料分析题范例（含答题关键词）。

DeepSeek（因篇幅有限，对生成内容做部分展示）

中国抗日战争（1931—1945）复习纲要

一、局部抗战阶段（1931—1937）

核心特征：日本局部侵华，中国军民自发抵抗，抗日救亡运动兴起。

重大事件	历史意义	必背考点★/易错点!
九一八事变（1931.9.18）	●中国人民抗日战争的起点； ●揭开世界反法西斯战争的序幕； ●中共领导东北抗日联军（杨靖宇等）坚持局部抗战。	★九一八时间是抗战起点； ！局部抗战非“不抵抗”，而是局部抵抗（如东北抗联）。
华北事变（1935）	日本企图吞并华北，民族危机加深，推动抗日救亡运动高涨（如“一二·九运动”）。	★华北事变标志中日矛盾上升为主要矛盾。

略

二、全面抗战阶段（1937—1945）

核心特征：中国战场牵制日军主力，为世界反法西斯战争做出巨大贡献。

重大事件	历史意义	必背考点★/易错点!
台儿庄战役（1938年3月—4月）	台儿庄战役是抗日战争初期中国军队在正面战场取得的一次重大胜利。 ●军事上的重大胜利； ●鼓舞全国抗战信心； ●战略上的重要意义； ●国共合作与民族团结的体现。	★李宗仁指挥，抗战以来正面战场最大胜利。
百团大战（1940）	百团大战是抗日战争时期八路军在华北地区发动的一次大规模战略性进攻战役。 军事方面：●沉重打击日军"囚笼政策" ●歼灭大量日伪军力量 ●牵制日军兵力，推迟其南进计划 政治方面：●遏制妥协投降逆流，振奋全国抗战信心 ●提高中国共产党和八路军的威望 精神方面：展现中华民族不屈不挠的斗争精神 国际影响：向全世界展示中国抗战意志和力量 后续影响：为敌后武工队活动积累经验。	★彭德怀指挥八路军破袭日军交通线，敌后战场最大规模战役。

略

第2章 DeepSeek 支持课堂教学

随着人工智能技术的迅猛发展，以 DeepSeek 为代表的 AI 驱动型智能教学工具，凭借其卓越的自然语言处理能力、精准的结构化评估机制以及智能化的个性化推荐系统，正在为课堂教学注入全新的活力与无限可能。

DeepSeek 不仅在多语种翻译教学中展现出强大支持力，助力教师构建智能化教学闭环，还能根据教学内容灵活生成富有创意与互动性的课堂活动，显著激发学生的学习兴趣，提升课堂参与度与学习积极性。对于教师而言，DeepSeek 不仅是教学设计的得力助手，更是提升教学质量与效率的重要引擎。

2.1 翻译多语种教学应用

DeepSeek 凭借大模型语言理解与结构化评估能力，构建了覆盖课前诊断、课中实训、课后评估全流程的多语种翻译教学方案。它能精准评判语法、语义、文化转译等细节，智能归纳错译、追踪进展并推荐定制化练习，推动翻译教学向数据智能转型，提升教学内容的科学性和针对性。

2.1.1 课前诊断分析

课前诊断帮助教师提前了解学生对即将学习内容的理解程度，洞察潜在难点。在英文翻译课中，课前设计翻译题目“中国龙象征着繁荣，而西方龙则代表着危险”，考察语言转换能力和文化意识。学生提交答案后，整理成电子文档（Word/PDF 格式）。

步骤01 打开并进入DeepSeek首页，单击“上传附件”按钮上传答案文件。如图2.1-1所示。

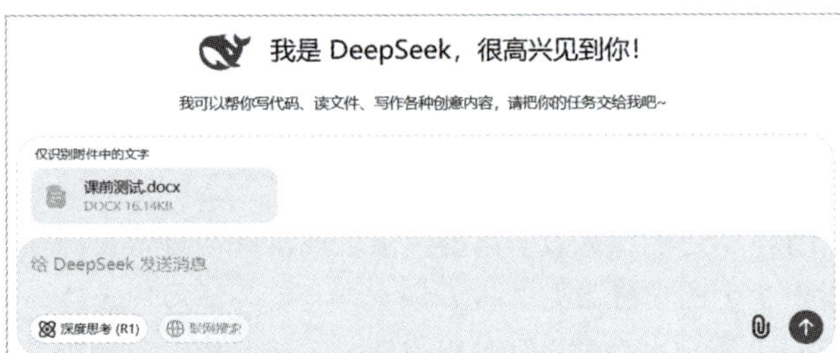

图2.1-1

步骤02 在DeepSeek的对话框中输入以下提示词，在撰写提示词时，建议按照“身份设定+检查依据+检查内容”进行提示词设定，可以灵活调整和应用，以满足不同场景下的需求。DeepSeek按照发送的指令，分析学生提交的课前测验内容，准确完成对学生的课前摸底评估。

提示词

作为教学助手，请分析学生提交的译文。

DeepSeek（因篇幅有限，对生成内容做部分展示）

作为英语老师，我会从准确性、多样性、语言风格三个维度分析学生的五句译文：

1. 准确性分析

所有译文均准确传达了中文原意，核心信息（中国龙→繁荣 / 吉祥 vs 西方龙→危险 / 威胁）完整无误。其中第 3 句“harbinger of success”和“portent of peril”使用了高级词汇，第 4 句“thriving”和“hazard”的选词也很精准。

2. 表达多样性

同义替换丰富：“symbolizes/signifies/is a symbol of”（象征）、“represents/is depicted as/

embodies”（代表）。

对比结构多样：“while/whereas/in contrast to/whilst/but” 展示了不同的转折表达。

文化负载词处理：第 2 句 “good fortune” 和第 3 句 “harbinger” 体现了文化内涵的传递。

略

2.1.2 动态练习设计

课中实训使学生能够立即将所学内容付诸实践，从而加深对知识的理解和掌握。为了进一步提升学生的学习效果，利用 AI 设计课堂练习题。这些练习题紧密围绕知识要点，从而更有效地巩固所学知识。通过这种方式，学生不仅能够在实践中深化对理论的理解，还能在练习中不断提升自己的翻译水平。

步骤01 在DeepSeek的对话框中，教师可以继续输入相关提示词，例如要求系统推荐与当前教学内容紧密衔接的练习题。

提示词

请再出 3 道文化意象的英汉互译练习题。

DeepSeek（因篇幅有限，对生成内容做部分展示）

英汉互译练习题

1. 中文→英文

“凤凰在中国文化中代表重生，但在西方神话里却是永生的象征。”（考察：神话动物意象差异；“重生” vs “永生” 的措辞）

2. 英文→中文

“The owl is a symbol of wisdom in the West, yet it signifies misfortune in traditional Chinese folklore.”（考察：猫头鹰的跨文化含义；“folklore” 的文化负载词处理）

略

步骤02 可以继续在对话框中输入相关提示词，针对当前教学内容或研究方向提出具体问题，DeepSeek将提供精准、详尽的参考答案。

提示词

请给出参考答案与进一步解析。

DeepSeek（因篇幅有限，对生成内容做部分展示）

参考答案与解析

1. 凤凰意象

参考答案：“The phoenix symbolizes rebirth in Chinese culture, whereas it represents immortality in Western mythology.”

核心词处理：“重生” → “rebirth”（强调循环新生）；“永生” → “immortality”（突出永恒性，

区别于“eternal life”的直白表述）。

文化提示：中国凤凰（Fenghuang）与西方 phoenix 本质不同，但翻译时沿用约定俗成译名。

略

2.1.3 翻译能力评估

课后评估能够及时且有效地反馈学生的学习成效，为教师提供一个深入了解教学效果的窗口，进而助力教师根据实际情况灵活调整教学策略。借助 DeepSeek 能够对学生的课前摸底测试以及课中实训的表现进行综合评估，全面而准确地把握每位学生的学习动态，为后续的个性化教学提供数据支撑。

步骤01 在DeepSeek的消息输入框中，教师可以输入特定提示词，引导系统运用三维矩阵或直观的可视化图表，全面评估学生对课堂知识的掌握情况，如图2.1-2和图2.1-3所示。

提示词

作为评估助手，请根据学生翻译作业自动生成：三维矩阵（语言准确度 / 文化敏感度 / 创意指数）与高频错误分布图。

1. 三维矩阵评估模型

评估维度与量化标准

维度	评分标准（0-100分）	检测工具示例
语言准确度	- 语法正确性（30%） - 术语一致性（30%） - 句式合规性（20%） - 流畅度（20%）	Grammarly API 术语库匹配
文化敏感度	- 文化意象转换准确度（40%） - 禁忌规避（30%） - 文化适配性（30%）	文化意象知识图谱 NLP情感分析
创意指数	- 表达多样性（40%） - 修辞手法（30%） - 跨文化创新（30%）	同义词密度分析 比喻识别模型

图2.1-2

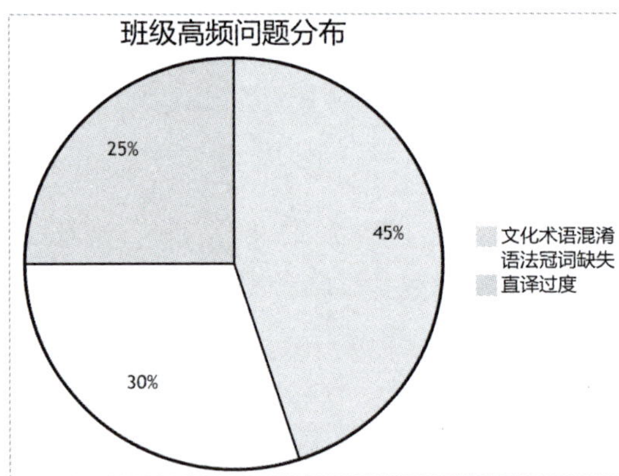

图2.1-3

步骤02 教师可根据学生对知识点的掌握情况，在对话框中输入相应的提示词，引导DeepSeek智能推送个性化的补救学习资源包。

提示词

请再提供 3 组文化负载词的对比练习题及答案解析。

DeepSeek（因篇幅有限，对生成内容做部分展示）

第一组：器物文化

题目（汉译英）：在中国，“扇子”是文人雅士的象征，而在西方传统中，“fan”仅是贵族女性的装饰品。

参考答案：In China,the “folding fan” symbolizes scholars and refined taste, whereas in Western tradition, a “fan” was merely an ornamental accessory for noblewoman.

词汇分层：“文人雅士”→“scholars and refined taste”（避免直译“elegant people”）；“装饰品”→“ornamental accessory”（比“decoration”更准确）

略

2.2 设计课堂互动活动

课堂互动活动为学习过程注入生机与活力，形式多样且富有吸引力。传统活动设计耗时费力，而 DeepSeek 在设计课堂活动时，于个性化教学、互动性增强、教学效率提升、资源优化配置和创新教学模式等方面展现出显著优势。这些优势不仅提升了学生的学习成效和满意度，更有力推动了教育事业的蓬勃发展与创新前行。

2.2.1 活动架构设计

DeepSeek能快速构建多样化的课堂互动活动模板，减轻教师负担，提升教学效率。它根据不同学段学生特点调整任务难度，如英语课堂推送适配分级文本，历史辩论提供匹配议题，激发学生思考与热情，使课堂互动生动且高效。

打开并进入 DeepSeek 首页，在对话框中根据教学需求撰写并发送相应的提示词。提示词的编写可灵活参考以下模板进行调整：学科课堂活动 + 主题 + 内容。DeepSeek 根据接收到的指令内容，智能生成包括活动名称、详细流程、教学目标及所需材料等在内的完整课堂活动设计方案。

提示词

请帮我设计一个 15 分钟的课堂互动活动，要求如下：

1. 活动主题：英语单词拼写。

2. 年级：初中一年级。

3. 要求：活动要有趣味性，能调动全班参与，符合教学目标，适合课堂实施。请给出活动名称、具体流程、需要准备的材料以及注意事项。

DeepSeek（因篇幅有限，对生成内容做部分展示）

动名活称：“Spelling Bee 挑战赛——单词接龙大闯关”

活动目标：

1. 巩固初一学生的英语基础词汇拼写能力。

2. 提高学生的反应速度和团队协作能力。

3. 通过趣味竞赛激发学生学习英语的兴趣。

活动时间：15 分钟
适合年级：初中一年级
略

2.2.2 课堂游戏制作

传统机械背诵会削弱学生的学习热情，而借助 AI 工具设计沉浸式互动小游戏，可将枯燥的知识转化为趣味挑战。教师用 DeepSeek 能快速创建知识点闯关、古诗词填空等创意游戏，让学生在解题中收获成就感，在团队协作中激发学习动力，从而提升学习效率与兴趣。

步骤01 打开并进入DeepSeek首页，在对话框中撰写并发送相关提示词。在编写提示词时，建议根据实际需求灵活调整内容，例如，可以按照以下模板进行输入：游戏需求+游戏模块［角色选择/游戏地图/任务列表］+配色。DeepSeek根据用户输入的提示词，智能生成符合需求的HTML代码，如图2.2-1所示。

提示词

请开发一款可导入自定义单词的英语单词消消乐网页游戏。游戏界面分左右，左侧英文单词，右侧中文翻译，单词以圆角按钮随机排列。玩家匹配成功则按钮消失，全部消除后提示成功及用时，按钮需要有动态，增强交互性，画面风格偏可爱，适合小学生。

html　复制　下载　运行

```html
<!DOCTYPE html>
<html lang="zh-CN">
<head>
    <meta charset="UTF-8">
    <meta name="viewport" content="width=device-width, initial-scale=1.0">
    <title>英语单词消消乐</title>
    <style>
        body {
            font-family: 'Comic Sans MS', 'Marker Felt', '微软雅黑', sans-serif;
            background-color: #f9f0ff;
            margin: 0;
            padding: 20px;
            display: flex;
            flex-direction: column;
            align-items: center;
            min-height: 100vh;
        }

        h1 {
            color: #8a4fff;
            text-shadow: 2px 2px 4px rgba(0, 0, 0, 0.1);
            margin-bottom: 10px;
        }
```

图2.2-1

步骤02 复制html代码，在桌面单击右键，新建文本文档，如图2.2-2所示。

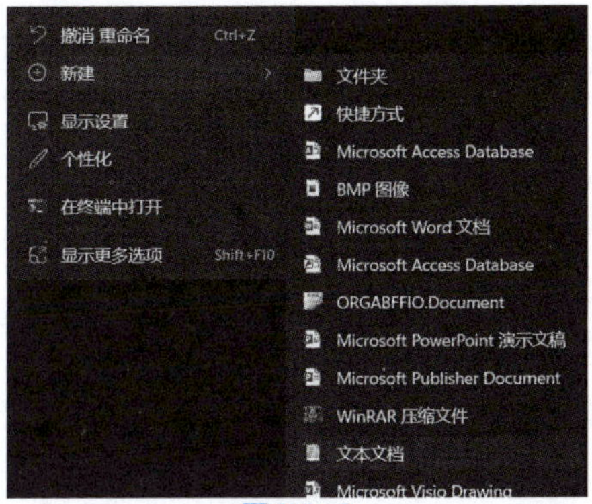

图2.2-2

步骤03 在文本中粘贴生成的html代码后，选择“另存为”功能，将文件保存类型设置为html格式，如图2.2-3所示。

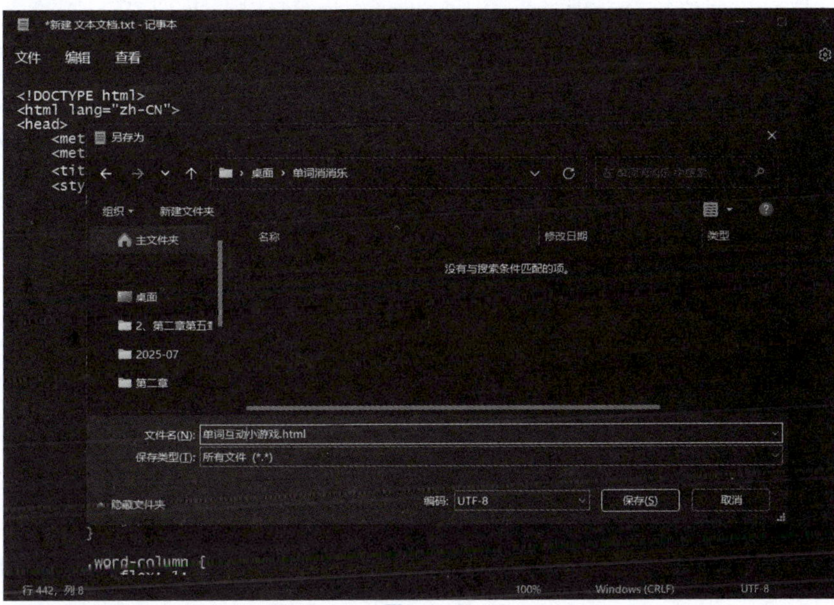

图2.2-3

步骤04 双击保存的html文件，即可在浏览器中直接运行“单词消消乐”游戏，具体操作界面如图2.2-4所示。

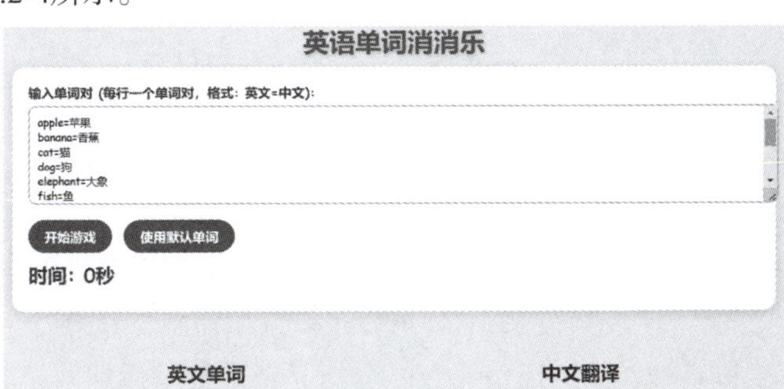

图2.2-4

2.3 推荐个性化学习路径

AI推荐个性化学习路径，摒弃“一刀切”模式，依据学习者的兴趣、能力、进度等信息精准定位需求，编制量身定制的学习蓝图。这种推荐让学习过程生动有趣，激发学习者潜能与动力，使其在最佳状态下持续探索、不断进步。

2.3.1 生成个性化学习建议

打开并进入DeepSeek首页，输入提示词，为了使提示词更加精准，可以按照以下模板：需求+优势科目+弱点科目+学习风格。

DeepSeek根据用户提供的具体指令和学生实际情况，智能生成一份量身定制的个性化学习建议。该建议综合考虑学生的学科优势、薄弱环节以及学习风格。

提示词

请为张三生成一份个性化学习建议，其优势为数学，薄弱点为英语，学习风格为视觉型。

DeepSeek（因篇幅有限，对生成内容做部分展示）

一、英语学习优化策略（视觉型学习者）

1. 单词记忆：图形化联想

- 视觉单词卡：用不同颜色标记词性（名词蓝色、动词红色），搭配简笔画。

- 思维导图：以主题（如“食物”）为中心发散关联词（fruit → banana, vegetable → carrot），用箭头标注关系。

2. 语法学习：图表归纳

- 时态对比表：用表格纵向对比“一般现在时”vs“现在进行时”，标红关键差异点（如第三人称单数 +s）。

- 流程图解：用箭头流程图分析复合句结构（如 If..., then... 条件句）。

略

2.3.2 智能推荐学习资源

AI不仅局限于提供个性化的学习建议，它更像是一座桥梁，精准地连接着学生与最优的学习资源。可以使用DeepSeek推送各类在线课程、互动练习以及拓展阅读素材。这些素材涵盖了广泛的知识领域，从基础教育到高等教育，从自然科学到人文社科，应有尽有，确保学生能够获取到全面而系统的知识。

在DeepSeek的对话框中，继续输入如下提示词，可按照以下模板进行设定：学习情况+学习资源+类型，输入完成后发送。DeepSeek根据用户输入的指令和具体需求，结合学生的学习情况、学科基础及学习风格，智能分析并精准推荐适配的学习资料。

提示词

请根据张三的学习情况，推荐一些书籍的学习资料

DeepSeek（因篇幅有限，对生成内容做部分展示）

一、数学（强化优势 + 视觉化学习）

1. 基础巩固与思维拓展

《数学漫画》系列（韩国 / 日本版）：用校园故事讲解初中数学知识点，如方程、几何，符合视觉学习偏好。

《初中数学思维导图》：用彩色图表梳理知识框架，帮助建立逻辑关联。

2. 趣味挑战与生活应用

《数学真好玩》（刘薰宇）：民国数学大师的趣味故事，激发数学兴趣。

《可怕的科学 · 数学系列》：用幽默插画和实验讲解数学原理（如概率、分数）。

略

2.4 优化教学讲稿

DeepSeek 是强大的教育辅助工具，在教师备课中作用显著。它通过自然语言处理技术生成适配各学科的教案框架，优化结构并可视化呈现教学内容，便利板书设计。AI 技术可节省 53% 备课时间，提升教案质量 28%。它助力新手教师快速成长，帮助资深教师突破创新，提升教学效率。

2.4.1 生成完整教案

DeepSeek 根据用户的指令需求，一键式地生成结构清晰、条理分明的教案框架。

步骤01 打开并进入DeepSeek首页，输入如下提示词。关于提示词，可以按照以下模板表述：课程教案+核心模块。

提示词

你是一名经验丰富的初中数学教师，需要为七年级学生设计一节 45 分钟的《解一元一次方程》新课教案。要求如下：

1. 符合新课标核心素养要求。
2. 包含生活化情境导入。
3. 设计小组探究环节。
4. 融入分层练习题（基础 / 提升 / 挑战）。

DeepSeek（因篇幅有限，对生成内容做部分展示）

1. 生活化情境导入（5 分钟）

情境：

“小明去文具店买笔记本，买了 3 本同样的笔记本，老板找给他 5 元。如果小明付了 20 元，每本笔记本多少钱？”

提问：

如何用数学式子表示这个问题？（引出方程：$3x+5=20$）

x 代表什么？为什么叫“一元一次方程”？（强调“一个未知数”“次数为 1”）

2. 新知讲解与小组探究（15 分钟）

（1）教师示范：解方程 $3x+5=20$

步骤 1：移项（将“+5”移到右边变“−5”）→ $3x=20-5$

步骤 2：合并同类项→ $3x=15$

略

步骤02 继续输入提示词，进一步优化教案内容。可以通过融合物理学、化学等多个学科的知识，帮助学生更深入地理解和掌握本课程的要点。

提示词

结合物理中的杠杆平衡原理，设计一个物理—数学综合案例，说明方程两边同时运算的物理意义。

DeepSeek（因篇幅有限，对生成内容做部分展示）

1. 情境导入（8 分钟）

演示实验：展示平衡的天平，两边各挂 50g 砝码

提问：为什么天平会平衡？

改变一边砝码质量，观察失衡现象

移动支点位置，尝试恢复平衡

引导思考：

从物理角度：平衡的条件是什么？

从数学角度：如何用数学语言描述这个平衡？

2. 建立数学模型（12 分钟）

杠杆原理回顾：$F_1 \times L_1=F_2 \times L_2$

案例 1：等臂天平

设左盘质量 m_1，右盘质量 m_2

因为 $L_1=L_2$，所以 $m_1=m_2$

数学表达式：$m_1=m_2$

略

2.4.2 思维导图板书

DeepSeek 以其强大的智能化功能，能够帮助教师快速生成结构清晰、内容丰富的教案框架，为板书设计提供基础。而 Xmind 作为一款专业的思维导图软件，则以其直观易用的界面和丰富的编辑功能，成为将 DeepSeek 生成的教案内容转化为生动、直观的思维导图板书的理想工具。

步骤01 继续在DeepSeek的消息输入栏中输入相应的提示词，以便智能化地创建出结构清晰、条理分明的思维导图板书。

> **提示词**
>
> 提炼教案内容，生成思维导图板书，以 Markdown 格式输出，层级不超过 3 级。

步骤02 单击发送后，DeepSeek会智能识别核心内容，并自动生成具有清晰层级结构的Markdown格式文本，如图2.4-1所示。

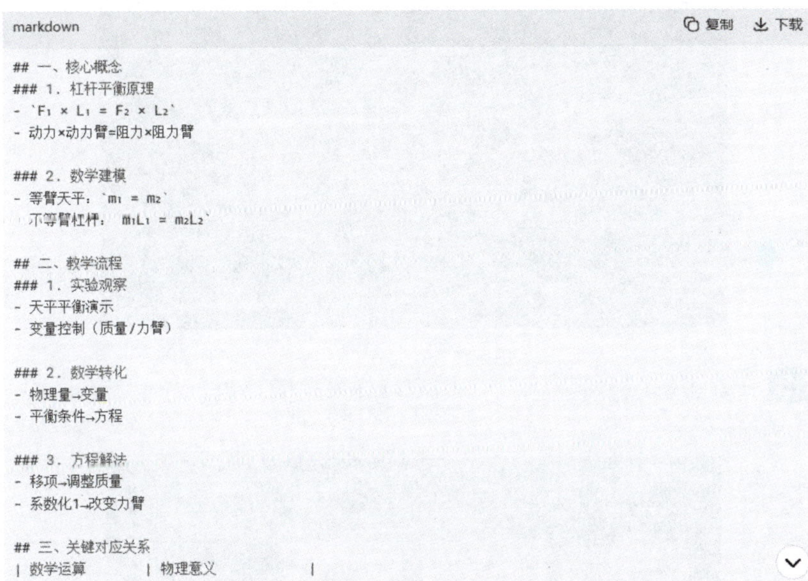

```markdown
## 一、核心概念
### 1. 杠杆平衡原理
- `F1 × L1 = F2 × L2`
- 动力×动力臂=阻力×阻力臂

### 2. 数学建模
- 等臂天平：`m1 = m2`
  不等臂杠杆：`m1L1 = m2L2`

## 二、教学流程
### 1. 实验观察
- 天平平衡演示
- 变量控制（质量/力臂）

### 2. 数学转化
- 物理量→变量
- 平衡条件→方程

### 3. 方程解法
- 移项→调整质量
- 系数化1→改变力臂

## 三、关键对应关系
| 数学运算         | 物理意义             |
|-----------------|---------------------|
```

图2.4-1

步骤03 在Windows桌面空白处单击鼠标右键，创建空白文本文件，然后复制DeepSeek生成的Markdown文本，并粘贴在文本文档中，然后保存文件，将文件的后缀改为.md类型，如图2.4-2所示。

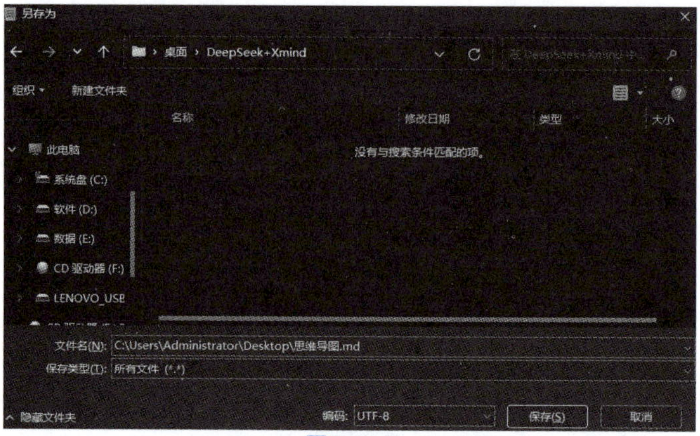

图2.4-2

步骤04 打开Xmind软件，在首页界面单击“新建导图”按钮，如图2.4-3所示。

图2.4-3

步骤05 在弹出的“选取模板”界面中选择需要的模板，并单击“创建”按钮。如图2.4-4所示。

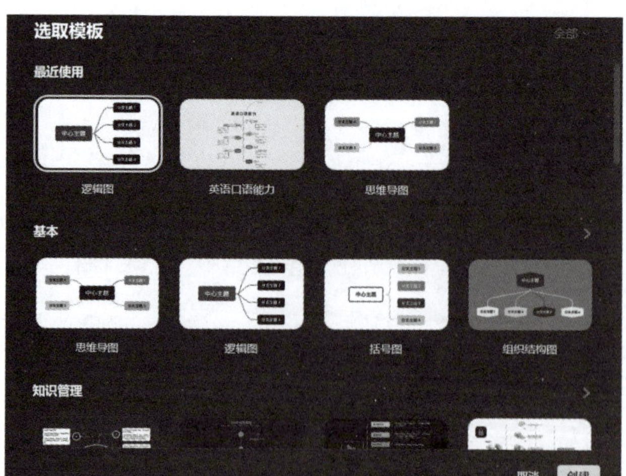

图2.4-4

步骤06 单击左上角“≡”图标，在展开的菜单列表中选择“文件”选项，再在下拉菜单中选择“导入”选项，最后在列表中选择“Markdown”，如图2.4-5所示。

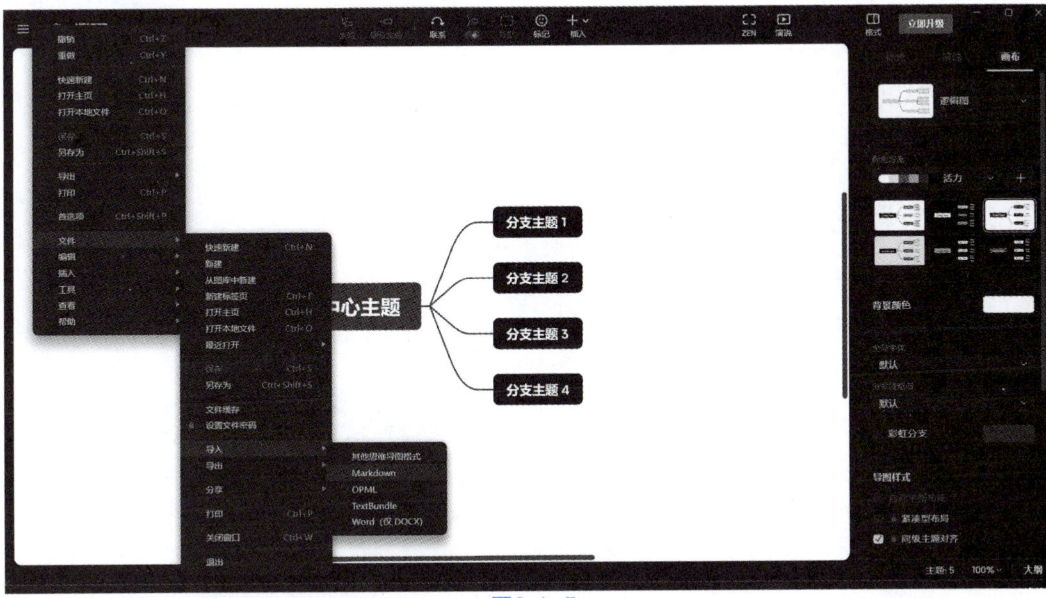

图2.4-5

步骤07 在打开的界面中，找到前面保存的后缀名为.md的文件，单击“打开”按钮，即可生成思维导图，如图2.4-6所示。

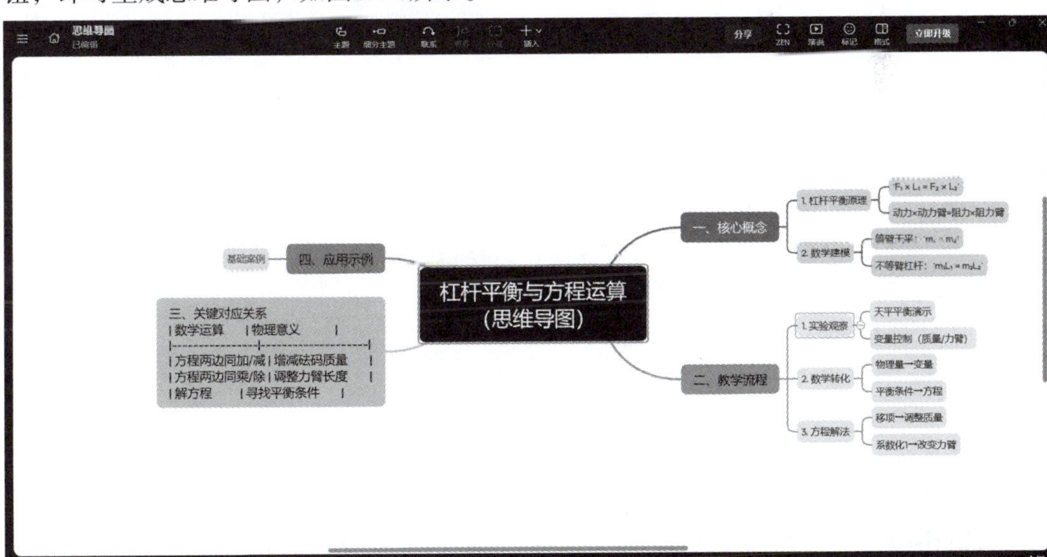

图2.4-6

2.5 解答课堂提问

DeepSeek 支持文字输入和图片上传，教师可快速提交学生问题。它能深入剖析题目本质，提供清晰详尽的答案，消除学生知识盲点，提升课堂互动质量，优化教学效率。教师可腾出更多时间满足学生个性化需求，推动教学效果全面提升。

2.5.1 课堂内容答疑

DeepSeek 可高效精准答疑。课堂上，学生常遇疑问，传统方式难以及时满足需求。DeepSeek 能准确理解问题，提取信息，给出清晰准确解答，涵盖数学、物理、历史等多学科内容，快速定位并详尽解释。

步骤01 打开并进入DeepSeek首页，在对话框中输入如下提示词，这个提示词即是学生所提出的疑问。提示词可以采用如下的模板形式：身份设定+问题。用户只需将[科目]和[问题]替换为实际想要咨询的内容即可。DeepSeek会根据用户所输入的问题，经过智能分析与处理，精准地给出相应的答案。

提示词

为什么说丝绸之路不是一条固定的路？这和课本上的地图矛盾吗？

DeepSeek（因篇幅有限，对生成内容做部分展示）

丝绸之路并非一条固定的、单一的路线，而是一个动态变化的交通网络系统，这一特点与课本上的简化地图并不矛盾，但需要从以下角度理解二者的关系：

1. 地理维度上的网络性

多分支结构：课本地图通常标注的是主干道（如长安—河西走廊—塔里木盆地—帕米尔高原—中亚的路线），但实际上存在草原丝绸之路、西南丝绸之路、海上丝绸之路等多条平行路线，甚至同一干线上也有多个可替代的通道（例如天山南麓与北麓的选择）。

地形驱动的变化：沙漠绿洲、山口、河流的变迁（如塔里木河改道）或政治动荡（如西域小国兴衰）会迫使商队不断调整路径，形成“此消彼长”的路线网络。

2. 时间维度上的流动性

略

步骤02 在获得初步解答后，学生为了进一步深入理解与拓展知识，继续积极提问，向DeepSeek输入新的提示词，以期获得更为详尽与深入的解答。

提示词

这和课本上的地图矛盾吗？

DeepSeek（因篇幅有限，对生成内容做部分展示）

教学需求：地图需突出关键节点（如敦煌、撒马尔罕）和主要走向，帮助学生建立空间认知框架。这类似于用“京广铁路线”代表中国南北交通，实际存在多条平行铁路和公路。

考古证据支撑：主干道确实存在长期稳定性（如楼兰、龟兹等遗址的持续发现），但地图未标注的数百条支线同样属于丝绸之路范畴。

略

2.5.2 思维发散答疑

DeepSeek不仅擅长解答课本中的疑难问题，更具备鼓励学生进行思维发散的独特能力。它能够引导学生探索课本之外的广阔知识领域，解答那些超越教材范畴的深层次问题，让他们的知识体系更加完善与立体，让学习之旅变得更加丰富多彩，充满探索的乐趣与发现的惊喜。

在 DeepSeek 的对话框中，可以自由地输入充满创意问题的提示词，这一过程不仅鼓励着学生大胆发散思维，还充分激发了他们无限的想象力。DeepSeek 会对问题进行全面分析，综合考虑效率、舒适度以及用户的探索需求，从而制定出一个最优的解决方案。

提示词

若张骞活在 2025 年，他会选择哪些现代交通工具重走丝路?

DeepSeek（因篇幅有限，对生成内容做部分展示）

1. 高铁（国内段）

优势：速度快、准点率高、舒适便捷，适合中国境内长距离旅行。

路线：从西安（古长安）出发，可乘坐高铁至乌鲁木齐，再转乘国际列车或航班进入中亚。

2. 中欧班列（跨国陆运）

优势：现代版“钢铁驼队”，连接中国与欧洲，途经哈萨克斯坦、俄罗斯等丝路沿线国家，货运与部分客运结合，适合体验“新丝绸之路”经济带的贸易脉络。

代表线路：“长安号”从西安出发，直达中亚、欧洲，张骞可能会选择搭乘其中一段，如西安—阿拉木图。

略

2.6 制作情景化微课

微课是创新的数字化教学资源，将学习内容碎片化，通过可视化方式呈现，包含核心内容、学习过程及扩展素材，形成完整的知识体系。它能抓住学生注意力，提高学习效率。DeepSeek 助力教师快速制作高质量微课，满足教学需求。

2.6.1 一键生成文案

DeepSeek的智能文本生成能力为教师提供了革命性的备课支持，可在短时间内制作出结构严谨、知识点覆盖全面的课堂讲解稿，有效解决了传统备课中资料搜集耗时、内容组织费力的痛点，从而极大地提升教师的备课效率。

打开并进入 DeepSeek 首页，在对话框中输入提示词。以下是一个提示词模板：身份设定 + 需求 + 具体需求。DeepSeek 解读指令需求，进而生成与指定主题契合的文案内容。

提示词

我是一名小学语文老师，需要设计一个三分钟的《乌鸦喝水》的微课讲解稿，要求如下：
1. 能够吸引学生注意力。
2. 简短地讲解故事和其中道理。

DeepSeek（因篇幅有限，对生成内容做部分展示）

《乌鸦喝水》微课讲解稿（3 分钟）

开场互动（30 秒）："同学们，今天老师带来一位聪明的小客人！（展示乌鸦图片）瞧，它遇到一个大难题——口渴的乌鸦发现瓶子里只有半瓶水，够不着也喝不到。如果你是这只乌鸦，你会怎么办呢？"（停顿 2 秒，观察学生反应）

故事讲解（1 分 30 秒）："在一个炎热的下午，乌鸦发现了一个细颈水瓶。它试着把嘴伸进去——哎呀！瓶口太窄（做低头动作）。它又用力推瓶子——哐当！瓶子太重推不倒（做推倒状）。这时乌鸦突然发现旁边有许多小石子！它做了个超聪明的决定——（哒哒哒音效）一颗、两颗……石子不断扔进瓶子（投掷动作）。看！水面慢慢升高了（举起水瓶展示）——最后乌鸦终于喝到水啦！"

略

2.6.2 导入生成微课

DeepSeek 助力教师迅速创作出结构条理分明、内容详细丰富的微课讲解稿，为微课的设计奠定基础。与此同时，剪映作为一款专业且功能强大的视频编辑软件，能够将 DeepSeek 所生成的讲解稿转化为既生动又直观的微视频，让知识的传递更加形象、高效。

步骤01 打开并进入剪映首页，选择如图2.6-1所示的“图文成片”功能。

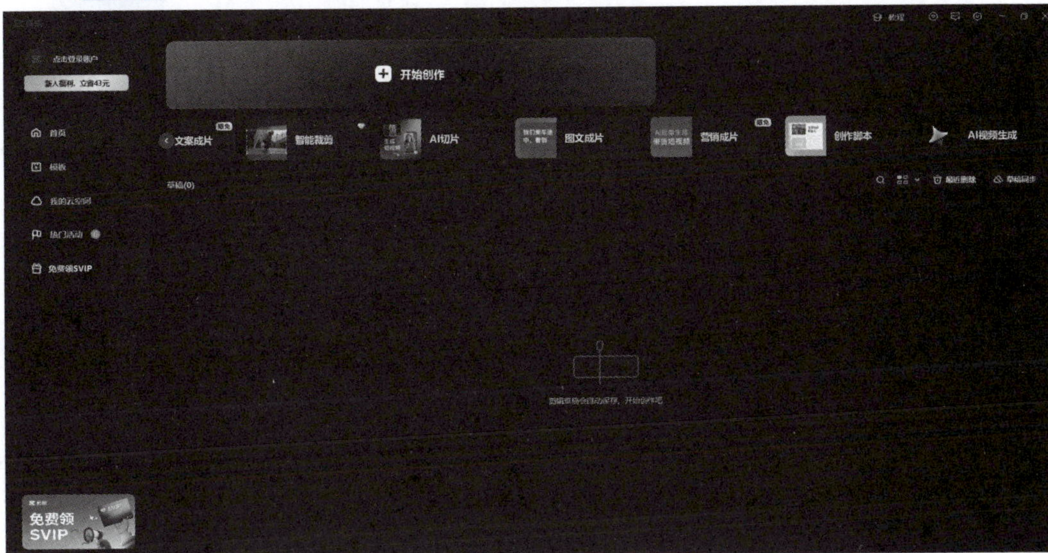

图2.6-1

步骤02 选择“自定义输入”选项，并在文本框中粘贴DeepSeek生成的文案，然后单击“生成文案”按钮，如图2.6-2所示。

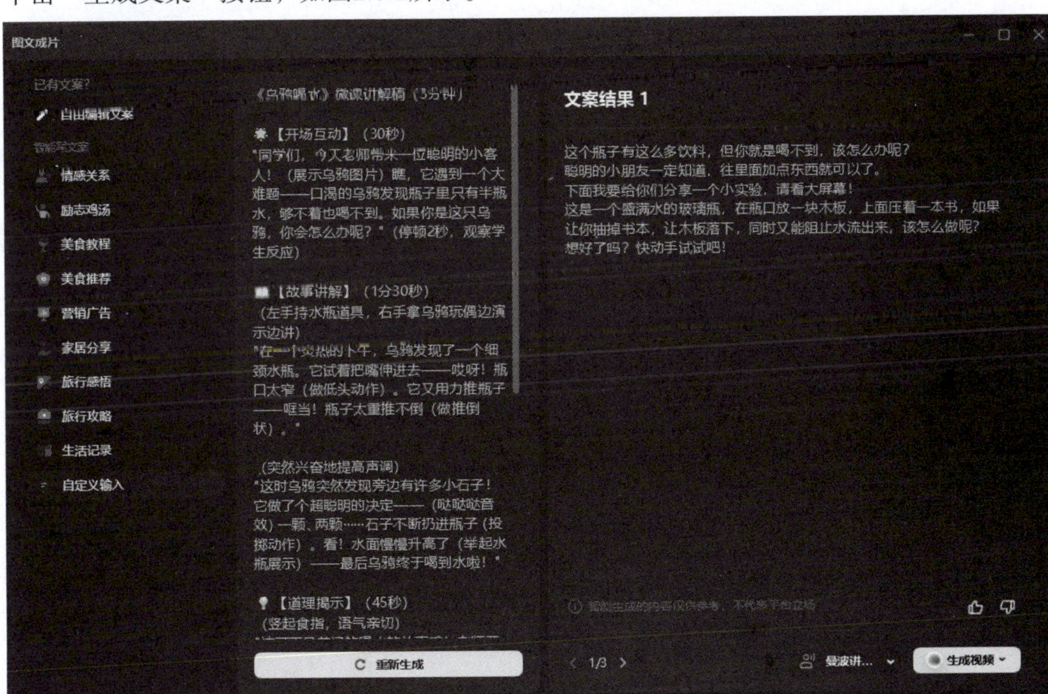

图2.6-2

步骤03 单击“生成视频”按钮，数秒钟将生成如图2.6-3所示的视频模式，可以播放、编辑与剪辑。

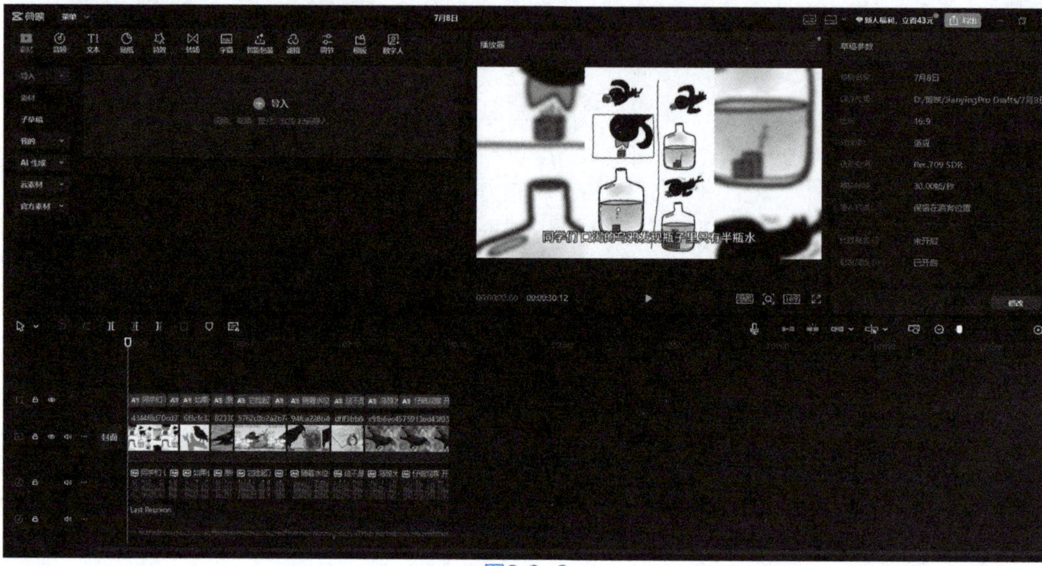

图2.6-3

第3章

DeepSeek 智能评测与反馈体系

在教学数字化背景下，课堂评测角色转变，成为影响教学决策、学习行为和家校沟通的关键。这部分内容讲解用 DeepSeek 构建智能、高效、可持续的评测与反馈体系。教育部强调多元评价，反映教师对精准了解学生学习状态的需求。传统测评方式存在诸多问题，DeepSeek 助力教师摆脱繁重的测评任务，实现评价方式转变，助力教师基于数据做教学调整，学生获正向激励，体现高质量教学。

3.1 一键批改作业

作业批改是教学中的基础环节，却长期被教师视为最烦琐和耗时的工作之一。传统的批改方式往往依赖人工完成，对主观性强的题型如作文、问答题更是耗费心力，且标准难以统一。DeepSeek通过接入大模型语言识别与结构化评分系统，实现了“上传即批改”的高效流程：客观题自动判分，主观题结合评分规则给出评语建议，教师可根据需要进行微调，既保证效率也保留专业判断。尤其在语文作文、英语写作、历史简答等主观题型中，系统不仅能识别内容结构、语言逻辑，还能评估表达态度与思维深度。

更重要的是，这种批改过程不是孤立的，它与后续的错题归纳、学情诊断紧密联动，为下一步教学调整打下基础。教师不再“埋头改卷”，而是转向“数据分析者”与“策略制定者”的角色。具体案例如下。

3.1.1 整理学生作业内容

为了让AI模型准确识别和分析学生的作业内容，纸质作业可以拍照提交（确保清晰，避免反光）。电子作业可以直接收集Word/PDF文件。建议教师将作业统一整理成可复制的电子文本。推荐使用以下三种格式。

（1）纯文本（txt）

适合作业字数不多、内容以文字为主的情况。

（2）Word文档（.doc/.docx）

适合保留原始排版（如题目格式、分段）和便于日后修改。

（3）PDF文件（.pdf）

适合正式归档、打印保存或用于课堂展示。PDF格式具有高度兼容性，内容不可轻易修改，适合教师或学校的正式资料整理需求。

3.1.2 客观题作业一键批改流程

客观题（如选择题、判断题、填空题）的判分标准明确、结果唯一，最适合通过AI模型进行自动识别与批改。借助DeepSeek，教师可以快速上传题目与学生答题记录，系统将自动进行答案匹配、结果判定并生成可视化报告。这种“即刻判分”的能力，大大节省了教师的批改时间，尤其适用于阶段性测验、限时练习和大班教学。以数学题为例，具体操作如下。

步骤01 打开并进入DeepSeek首页，单击“上传附件”按钮上传答案文件，如图3.1-1所示。

图3.1-1

步骤02 在DeepSeek的对话框中输入提示词并发送。在撰写提示词时，建议按照“身份设定+检查依据+检查内容+错误处理+输出结果”的公式，进行提示词设定。可以根据这个公式，灵活调整和应用，以满足不同场景下的作业检查需求。

提示词

你是一位经验丰富的中学数学教师，接下来根据标准答案，检查学生的答案是否正确，要求在错题下方用【批注】解释错误原因，最后给出正确答案。接下来我将上传学生作业。

DeepSeek（因篇幅有限，对生成内容做部分展示）

请上传学生的作业内容，我将根据标准答案进行检查，并在错题下方用【批注】解释错误原因，最后输出正确答案。

步骤03 单击“上传附件”按钮上传学生作业文件并发送，如图3.1-2所示。等待片刻，DeepSeek就按照发送的指令完成了对学生作业的批改和总结。

图3.1-2

DeepSeek（因篇幅有限，对生成内容做部分展示）

【初中数学作业批改】

一、选择题（每题 4 分，共 20 分）

若集合 A = {1, 2, 3}，B = {2, 3, 4}，则 A ∩ B =（A）

【批注】错误。A ∩ B 表示集合 A 和 B 的交集，应为 {2, 3}。

正确答案：B

下列图形中，是轴对称图形的是（C）

【批注】正确。圆是轴对称图形，对称轴有无数条。

正确答案：C

二、填空题（每题 5 分，共 25 分）

略

3.1.3 主观题作业一键批改流程

主观题批改是教师最具挑战性的工作之一，传统方式耗时费力。DeepSeek 通过“结构化评分”和“文本智能理解”，快速把握答题质量，给出评语和评分建议，尤其在高频题型中节省重复劳动。以语文作文为例，具体操作如下。

步骤01 打开并进入DeepSeek首页，在DeepSeek的对话框中输入包含作文题目的提示词并发送。

提示词

你是一名有多年高考阅卷经验的语文教师，请根据高考评分标准，对以下作文进行打分、评语，并详细指出表达和结构的问题。作文的要求是以“我想对你说”为题，写一篇不少于 800 字的作文。可以写你想对一个亲人、朋友、老师、偶像，甚至是过去的自己说的话。内容真实具体，有真情实感”。接下来我将上传学生的作文。

步骤02 在DeepSeek中上传作文文件或者直接发送学生作文的文本，如图3.1-3所示。发送后DeepSeek就会按照发送的指令完成对学生作文的批改和总结。

图3.1-3

DeepSeek（因篇幅有限，对生成内容做部分展示）

【高考作文评分与评语】

总分：52/60（基础等级 47 分 + 发展等级 5 分）

【评语】

优点：

情感真挚，内容充实：文章围绕“我想对你说”的主题，以对母亲的感恩和歉意为主线，情感真挚动人，细节描写（如“热汤面”“疲惫的眼神”）使内容具体可感，符合“真情实感”的要求。

语言流畅，表达自然：文字朴实但富有感染力，如“你的怀抱是我哭泣时最想回去的地方”，体现了较好的语言表达能力。

不足：

部分表达稍显直白：如“妈妈，我爱你”这样的抒情略显直露，可尝试更含蓄的表达方式。

略

3.2 一键诊断学情

传统的学情分析通常依赖于考试成绩或教师的直观判断，既缺乏实时性，也难以全面掌握学生的理解程度。而AI的介入，使得“学习过程数据化、学习状态可视化”成为可能。DeepSeek的学情诊断功能以作业、测验、小测、课堂互动记录为数据源，自动生成学习薄弱点分析报告。例如，系统能分析某个学生在函数应用、文言文理解等具体知识点上的掌握情况，识别概念误解、逻辑漏洞或技能缺失，并用可视化图表展示其知识掌握路径和变化趋势。

对于教师而言，这一功能相当于配备了一名“教学分析助理”。它不仅可以辅助教师实施分层教学和个性化辅导，还能用于教学反思，精准调整教学内容与节奏。技术可以为教育带来精细化支持，但前提是要理解其评估模型背后的逻辑。DeepSeek 所构建的诊断模型，即是以认知诊断理论和知识图谱为基础，支持高维度学习状态的推断和干预。使用 DeepSeek 一键诊断学情的步骤如下。

步骤01 打开并进入DeepSeek首页，单击“上传附件”按钮上传学生批改后的作业文件或测试卷文件（推荐使用批量扫描后的PDF，或结构化Excel答题结果表），也可直接复制粘贴学生答题内容。如图3.2-1所示。

图3.2-1

步骤02 打开并进入DeepSeek首页，在DeepSeek的对话框中输入提示词并发送。等待片刻，DeepSeek就按照发送的指令完成了对学生作业的批改和总结。

提示词

你是一位熟悉新课标的中学数学教师，请根据学生作业的作答情况，生成班级整体学情分析报告，包括：

1. 各知识点掌握率。
2. 错题集中度与原因分类。
3. 分层学生画像。
4. 教学调整建议。

DeepSeek（因篇幅有限，对生成内容做部分展示）

【班级整体学情分析报告】

1. 各知识点掌握率

（1）集合运算：

- 掌握率：50%（1/2）

－典型错题：选择题第 1 题（交集概念混淆）。

（2）轴对称图形：

－掌握率：100%（1/1）

－典型题目：选择题第 2 题（正确识别圆的对称性）。

（3）一元二次方程根的性质：

－掌握率：100%（1/1）

－典型题目：选择题第 3 题（正确应用韦达定理）。

略

3.3 管理错题本

错题管理是实现深度学习与长期记忆的重要手段。传统错题本多依赖人工整理，易遗失、更新慢、利用率低，学生往往只是“记住题目”，而没有真正“解决问题”。DeepSeek的智能错题本功能，在学生作业批改后，自动提取错误题目、归类知识点，并匹配相应解析与微课资源，形成“错因+知识点+讲解”三位一体的复习模块。系统还能追踪学生在相同类型题目上的后续表现，实现“错题追踪闭环”。错题本是学生反思学习过程、深化理解的重要工具。传统错题本存在“记录量大、整理困难、复习效率低”等问题。

此外，该模块支持教师查看全班错题集中分布，生成“错题热力图”，为集体讲评提供依据。这种基于大数据的错题管理方式，不仅提升学生复习效率，也促进教师改进教学设计。使用DeepSeek管理错题本的操作如下。

3.3.1 单个同学错题整理

适用于学生个人复习、个性化补救、家校沟通场景。

步骤01 打开并进入DeepSeek首页，单击“上传附件”按钮上传学生批改后的作业文件或测试卷文件（推荐使用批量扫描后的PDF，或结构化Excel答题结果表），也可直接复制粘贴学生答题内容。如图3.3-1所示。

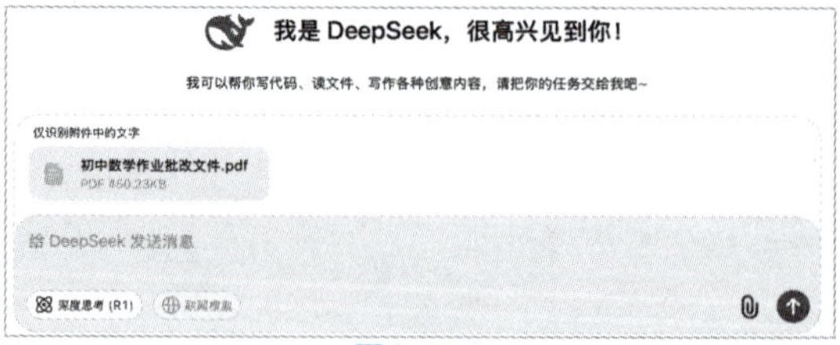

图3.3-1

步骤02 在DeepSeek的对话框中输入提示词并发送。等待片刻，DeepSeek就按照发送的指令完成了对错题本的整理。

提示词

你是一位初中数学教师，请根据以下学生的测试卷结果，生成错题清单并标注错误原因、涉及知识点，并为每一道错题生成对应的讲解，并且持续归档所有错题。

DeepSeek（因篇幅有限，对生成内容做部分展示）

【错题清单及讲解】

一、选择题

题目：若集合 $A=\{1,2,3\}A=\{1,2,3\}$，$B=\{2,3,4\}B=\{2,3,4\}$，则 $A\cap B=(A)A\cap B=(A)$

错误答案：A

正确答案：B

错误原因：混淆了集合的交集与并集的概念。

涉及知识点：集合的交集运算。

讲解：集合的交集 $A\cap BA\cap B$ 是指同时属于集合 AA 和集合 BB 的元素。本题中，$A=\{1,2,3\}A=\{1,2,3\}$，$B=\{2,3,4\}B=\{2,3,4\}$，所以 $A\cap B=\{2,3\}A\cap B=\{2,3\}$。选项 B 是正确的。

略

3.3.2 全班错题分析

适用于分析班级共性问题、重难点再讲、教研讨论、分层教学策略制定。

步骤01 打开并进入DeepSeek首页，单击“上传附件”按钮上传全班学生批改后的作业文件或测试卷文件，如图3.3-2所示。

图3.3-2

步骤02 在DeepSeek的对话框中输入提示词并发送。等待片刻DeepSeek就按照发送的指令完成了全班错题分析，为集体讲评提供依据。

提示词

你是一位中学数学教师，请根据全班学生答题情况文件，生成一份错题整理。请包含：

1. 各知识点的错误率与掌握率统计图，请用热力图方式呈现。
2. 错题数量排行前十题目，标注错因（如概念错误、计算出错等）。
3. 班级整体掌握情况简要分析与教学调整建议。
4. 典型错题示例，并展示 3 位学生的错误答案和讲解。

DeepSeek（因篇幅有限，对生成内容做部分展示）

一、各知识点错误率与掌握率统计（热力图）

（注：以下为文字描述，实际可用热力图呈现，颜色越深表示错误率越高）

题目	错误率	掌握率	主要错误类型
第1题	75%	25%	概念错误
第2题	65%	35%	概念混淆
第3题	60%	40%	逻辑推理错误
第4题	55%	45%	计算错误
第5题	70%	30%	概念理解不足

二、错题数量排行前十题目及错因分析

略

3.4 记录学生成长轨迹

DeepSeek 通过数据采集与智能建模，提供成长性评估解决方案，从“学习结果”转向“学习过程”分析。系统采集作业和测试数据，智能建模分析趋势，助力教师洞察学生进展，开展阶段性诊断与动态调整。这种“纵向连续 + 横向多元”的记录方式，打破了传统局限，实现个性化与全景化教育。教师借助 DeepSeek“读懂学生”，实现因材施教。

步骤01 打开并进入DeepSeek首页，单击“上传附件”按钮上传学生近期作业/测验数据（如Excel或成绩管理系统导出的汇总表，也可上传多个试卷组合的PDF），如图3.4-1所示。

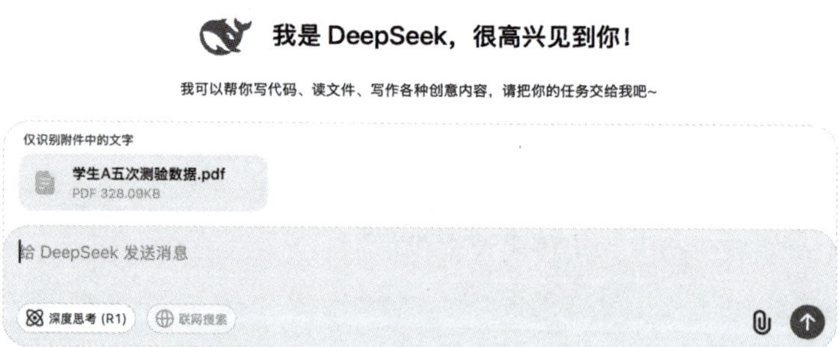

图3.4-1

步骤02 在DeepSeek的对话框中输入提示词并发送。等待片刻，DeepSeek就按照发送的指令完成了学生成长轨迹的分析。

提示词

你是一位中学班主任，请根据以下学生近 5 次测验的答题记录，生成该学生的成长轨迹分析报告。内容包括：知识掌握变化趋势、错题变化等。

DeepSeek（因篇幅有限，对生成内容做部分展示）

学生 A 成长轨迹分析报告

一、知识掌握变化趋势

学生 A 在近五次的测验中表现出明显的进步趋势，尤其在数学基础知识和应用能力方面有显著提升，以下是具体分析。

第一次测验（65/100）

基础知识薄弱：选择题和填空题错误较多，如混淆正方形对角线公式（误写为“边长 × 2”），对锐角定义掌握不牢（填空正确但其他基础题失分）。

简答题表现尚可：能简述三角形全等的判定条件（“两边一角相等”），但表述不够严谨。

第二次测验（90/100）

基础题正确率提高：正确解答等边三角形角度、圆的周长计算等问题，但仍有粗心错误（如误选 $2x=16$ 的解为“A”）。

概念理解增强：能准确定义一次函数并举例，说明对函数概念的理解逐步深入。

第三次测验（100/100）

略

3.5 撰写学生评语

学期末评语撰写是教师难题，需在有限字数中呈现学生的综合表现，兼具事实依据、温度和激励性。面对众多学生，教师易陷入内容重复、语言单一等困境。DeepSeek 通过调取学生成绩、课堂表现等多维数据，结合教育心理学模型，自动生成涵盖行为表现、能力倾向和后续建议的结构化评语草案。教师可选择语气风格并微调，实现批量生成与个性化修订结合。系统优化内容，避免套话，使评语更有温度和针对性，增强学生自我认同和家长反馈价值。

步骤01 打开并进入DeepSeek首页，单击“上传附件”按钮上传所有学生的表现数据（如Excel或成绩管理系统导出的汇总表），表格中除了学习成绩，教师需要在表格手动输入每个人的简要描述，推荐的输入信息包括作业完成情况、课堂参与度、情绪、个人习惯、性格和待提升方面，如图3.5-1所示。

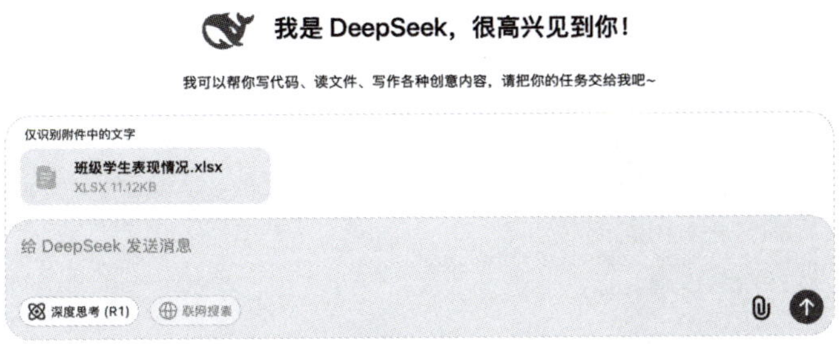

图3.5-1

步骤02 在DeepSeek的对话框中输入提示词并发送。等待片刻，DeepSeek就按照发送的指令完成了学生评语的撰写。

提示词

你是一位有多年教学经验的班主任，请根据以下学生的学习表现、课堂参与情况与作业完成质量等，为每位同学撰写一段综合评语，内容要具体、有针对性，语言鼓励但不空泛。

DeepSeek（因篇幅有限，对生成内容做部分展示）

张晨阳：

你在本次测验中取得了94分的好成绩，展现了扎实的学习基础和优秀的自我管理能力。作业按时上交且书写整洁，课堂参与积极，尤其是你主动举手发言的表现值得肯定。情绪稳定、乐观自信，课前预习和错题整理的习惯也体现了你的条理性。建议你在未来的学习中尝试多角度思考问题，进一步提升思维的灵活性。继续保持，老师相信你会更加出色！

李嘉欣：

你的学习成绩稳定（89分），作业质量不错，虽然偶尔有遗漏，但态度认真。课堂上你虽然表达稍慢，但倾听专注，这种沉稳的学习态度非常可贵。情绪总体平稳，只是偶尔会紧张，建议你加强时间管理，合理安排学习任务，同时多给自己一些表达的机会，相信你会越来越自信！

略

第4章 DeepSeek 班级智慧管理解决方案

DeepSeek 为教师提供全面的班级事务管理支持，显著提升工作效能。它通过智能算法和自动化流程，帮助教师高效管理班级事务，设计创意班会活动方案。DeepSeek 促进家校无缝沟通，形成协同育人合力，预警学生潜在心理问题，助力教师及时干预。此外，它还构建校园安全素材库，优化排课与资源调度，处理教务文档，生成招生宣传文案，精准分析教学成果数据，让教师更专注于教学创新与学生个性化成长。

4.1 管理班级事务

DeepSeek 为教师管理班级事务提供有力辅助，极大提升管理效能。比如，在制定班级规则时，它能分析学生特点和班级情况，给出科学合理的规则建议；撰写班级通知时，可依据不同事项和受众，快速生成规范准确的通知内容；设计班级文化体系时，能结合教育理念和学生兴趣，提供多元创意方案。借助 DeepSeek，教师能更高效地打造优质班级。

4.1.1 制定班级规则

DeepSeek 可作为教师制定班级规则的得力助手。依托教育心理学原理，结合班级管理实际需求，它能辅助教师设计出科学合理、切实可行的班级规则，为班级有序管理提供有力支撑。

步骤01 明确需求，生成初步规则草案。打开DeepSeek，在对话框中输入提示词，在撰写提示词时，建议按照“角色身份+当前具体问题+核心目标需求+规则约束条件+激励附加要求”的公式进行提示词设定。可以根据这个公式，灵活调整和应用，以满足不同的需求。

提示词

我是一名小学五年级的班主任，最近课堂纪律不太好，主要问题是学生上课随意插话、小组讨论时跑题闲聊、部分同学不能按时完成作业。新学期我想重新制定一套班级规则，目标是提高课堂效率、培养责任感和互相尊重的氛围。规则需要简洁明了（5 ~ 8 条核心规则），适合 10 ~ 11 岁孩子的认知水平，最好能包含一些积极的激励措施。请帮我分析一下关键问题并建议规则制定的方向。

DeepSeek（因篇幅有限，对生成内容做部分展示）

一、核心问题分析与规则制定原则

1. 随意插话

• 问题本质：缺乏耐心等待和倾听他人的习惯，急于表达自己，可能源于兴奋、表现欲或未掌握轮流发言的规则。

• 规则方向：强调“有序发言”和“尊重发言权”，提供明确的发言信号（如举手）。

2. 小组讨论跑题闲聊

• 问题本质：任务目标不清晰、时间管理意识弱、社交需求高于任务需求、缺乏有效的小组协作技巧和监管。

• 规则方向：强调“聚焦任务”“有效合作”和“时间意识”，提供小组自评或互评工具。

略

步骤02 针对草案中的具体条目或执行细节，让DeepSeek给出进一步的细化建议，使其更具操作性。比如继续在DeepSeek对话框中输入提示词。

提示词

规则 4 “尊重他人用心听，礼貌交流显真诚”，如何定义是否“用心”？有没有更具体的标准？请提供一些具体的执行细则建议。

DeepSeek（因篇幅有限，对生成内容做部分展示）

一、“用心听”的具体行为标准（当别人发言时，包括老师讲课、同学发言、小组讨论）

1. 眼睛看

• 眼睛看向正在说话的人（老师或同学）。

• 如果发言者在展示东西（如书本、白板），眼睛看向展示物。

• 避免：东张西望、低头玩东西、看窗外。

2. 身体对

• 身体（上半身）转向发言者方向。

• 坐姿端正（或站姿端正），不歪歪扭扭、不趴在桌上（除非是书写任务）。

• 避免：背对发言者、身体转向别处、坐姿懒散。

略

二、“礼貌交流”的具体行为标准（当自己发言或回应他人时）

1. 先举手，等允许

• 想发言时，安静举手（标准姿势：手臂垂直举起，不晃动、不敲桌子、不喊“我我我”等）。

略

步骤03 当规则执行过程中遇到阻力或新问题时，可以向DeepSeek寻求解决方案。比如在DeepSeek对话框中输入提示词。

提示词

有同学反映“小组任务要专注”这条规则，有时组里有特别爱说话的同学会影响全组得分，不太公平，如何处理？

DeepSeek（因篇幅有限，对生成内容做部分展示）

核心原则：既要维护“小组共同责任”的价值，也要为努力者提供“避风港”

“小组规则不是连坐法，而是让每个人明白：我的行为会影响战友。”

1. 优化积分结构：建立“双轨制”评分（核心举措）

• 小组基础分（60% ~ 70%）

评价整体成果（任务完成度、报告质量）和整体协作氛围（是否有人主导闲聊？是否长时间跑题？）。

示例：按时提交报告 + 报告内容达标→得基础分（如 10 分 / 组）

• 个人努力分（30% ~ 40%）

观察记录组内个体行为（需提前明确标准），由老师或小组长（轮值）在任务结束时快速评定：
– 专注贡献者：主动提醒组员回归任务、整理讨论要点、帮助解决分歧
略

4.1.2 撰写班级通知

DeepSeek可作为教师撰写班级通知的智能工具。依托智能化模板与场景化内容建议，它能根据放假安排、活动通知、作业提醒等不同场景，自动生成逻辑清晰、简洁准确的通知文本，有效提升信息传达效率与精准度。

打开DeepSeek，在对话框中输入提示词。确定需要撰写的通知类型（如日常安排、活动通知、作业布置等）和主要目的等内容。在撰写提示词时，建议按照"活动类型+时间+地点+附加要求"的公式进行提示词设定。可以根据这个公式，灵活调整和应用，以满足不同场景下的需求。

提示词

我是五年二班班主任，需要一份关于班级春游活动的通知，时间是下周日，地点是市郊森林公园，在学校正门口集合统一乘坐校车前往，需要家长签署同意书，下周一交回。

DeepSeek

五年级二班春季郊游活动通知

尊敬的家长、亲爱的同学们：

春风送暖，万物复苏，正是出游好时节！我班定于下周日（7 月 20 日）举行春季郊游活动，具体安排如下：

活动详情

• 时间：7 月 20 日（周日）上午 8:00 — 下午 4:00
• 地点：市郊森林公园
• 集合地点：学校正门口
• 交通方式：统一乘坐校车前往

注意事项：

1. 请家长填写并签署附件中的《外出活动同意书》，周一前交回
2. 学生需穿着舒适运动装和运动鞋
3. 自带水壶、防晒用品和简易午餐

请家长们支持配合，让孩子们度过一个愉快而有意义的周末！

五年级二班班委会
2025 年 7 月 7 日

4.1.3 设计班级文化体系

使用 DeepSeek 辅助教师设计班级文化体系是一个非常高效和创新的方法。它能帮助教师快速梳理思路、激发创意、提供结构化方案，帮助教师将更多精力聚焦于学生个

性化发展指导，实现教育效能的优化提升。

步骤01 打开DeepSeek，在对话框中输入提示词。明确班级背景和需求，比如新任初中一年级班主任李老师想针对初一新生的特点构建具有独特标识的班级文化体系，增强学生归属感和协作意识。在撰写提示词时，建议按照“角色身份+班级背景+核心需求”的公式进行提示词设定。可以根据这个公式，灵活调整和应用，以满足不同场景下的需求。

提示词

我是一名新任初中一年级班主任（班级 45 人，学生来自不同小学，正处于青春期初期），学生个性多元，但集体凝聚力不足，缺乏共同精神标识。请你帮我拟定主题，设计班级文化，增强凝聚力。要求包括精神符号设计、教室空间重构和动态文化载体。

DeepSeek（因篇幅有限，对生成内容做部分展示）

针对您作为初一班主任面临的挑战（45 人新班级、多元个性、青春期初期、凝聚力不足），我为您设计了一套以“星河探索，共绘未来”为主题的班级文化建设方案。该方案融合精神引领、空间赋能和动态活动，旨在打造一个包容个性、激发归属、鼓励协作的温暖集体。

核心主题：星河探索，共绘未来（Stellar Voyage, Co-Creating Tomorrow）

寓意：

• 星河 / 宇宙：象征班级这个广阔包容的“小宇宙”，每个学生都是一颗独特、闪耀的星星（个性多元），共同汇聚成璀璨星河（集体力量）。

• 探索：契合青春期求知欲强、勇于尝试的特点，强调在学习和成长路上的好奇心、冒险精神和发现自我的过程。

• 共绘未来：强调集体的力量，未来不是预设的，而是需要每一位成员共同参与、协作去创造和描绘的。体现凝聚力和主人翁意识。

一、精神符号设计：赋予身份认同与归属感

1. 班名：“启明星辰班”（The Polaris Crew）

寓意：“启明”代表引领、希望和方向（班主任和班级共同目标）；“星辰”代表每一位学生。合起来寓意在班主任（启明星）的引领下，全班同学（星辰）共同探索成长之路，寻找属于自己的光芒和方向。“Crew”强调团队协作的探险精神。

略

步骤02 可以生成的部分内容做局部调整或拓展。比如继续在DeepSeek对话框中输入提示词。

提示词

基于以上的班级文化框架，围绕目标（积极向上、团结互助、自主管理、终身学习）以及核心价值（尊重、责任、合作、成长），请帮我：

1. 生成 5 条适合初一学生的班训候选（要求：简洁有力，4 ~ 8 字，易记易懂，最好能押韵或对仗)。

2. 为每条班训配上一句简短的解释(20 字以内),说明其含义。

3. 生成 3 条配套的班级口号(要求:有气势,能用于集会或活动加油,10 字左右)。

4. 结合班训和核心价值,为班级设定一个具体的学期目标(1 ~ 2 条)。

DeepSeek(因篇幅有限,对生成内容做部分展示)

基于"星河探索"班级文化框架,围绕四大目标(积极向上、团结互助、自主管理、终身学习)和核心价值(尊重、责任、合作、成长),为您设计以下内容:

一、班训候选(5 条)及解释

要求:简洁有力(4 ~ 8 字),易记易懂,押韵 / 对仗

班训候选	简短解释(20字内)	对应目标与价值
砺志笃行,合作共强	磨砺意志踏实行动,携手合作集体更强	积极向上+团结互助+合作
自主担当,乐学善思	主动管理勇担责任,快乐学习勤于思考	自主管理+终身学习+责任
尊人律己,日新月异	尊重他人严于律己,每天进步超越自我	尊重+成长+积极向上
聚星成河,砺刃成锋	个体汇聚集体之力,磨砺自身终显锋芒	团结互助+成长+责任
心向朝阳,学海无疆	心态积极如迎朝阳,求知探索永无止境	积极向上+终身学习+成长

略

4.2 高效设计班会活动

DeepSeek 可成为教师策划班会活动的得力助手,显著提升效率:仅需 10 分钟,即可生成结构完整的活动方案,大幅节省备课时间;依托教育学模型与海量案例,智能设计分层活动框架,突破经验局限,实现精准定制;基于 AI 学情分析,自动匹配差异化素材(如学困生互动游戏、优生挑战任务),并实时融入前沿教育策略(如心理技术、媒介工具),确保方案创新且实用。

步骤01 打开DeepSeek,在对话框中输入提示词。在撰写提示词时,建议按照"角色定位+班会目的+班会主题+活动需求"的公式进行提示词设定。可以根据这个公式,灵活调整和应用,以满足不同场景下的需求。

提示词

作为初中二年级班主任，班级学生近期出现课堂参与度低、同伴矛盾增多的情况。请设计一个以“团队协作与沟通”为主题的班会活动，要求包含互动环节，时长 45 分钟。

DeepSeek（因篇幅有限，对生成内容做部分展示）

班会主题：我们是一支球队，不是一群对手

时长：45 分钟

目标：

- 体验团队协作价值
- 练习有效沟通技巧
- 建立冲突解决意识

一、破冰行动：无声的默契（5 分钟）

- 活动："生日暗号"

– 要求全班按生日月份和日期排队，全程禁止说话，只能用手势、眼神交流

– 完成后相邻同学击掌确认（化解肢体接触尴尬）

- 引导提问：

"当不能说话时，你们用了哪些方法传递信息？哪些动作容易引起误解？"

二、核心挑战：扑克塔危机（15 分钟）

- 分组：按生日队列分为 6 组（每组 5 ~ 6 人），发放扑克牌 2 副
- 任务：

– 第一阶段（5 分钟）：各组独立搭建最高纸牌塔

略

步骤02 在确定好班会活动方案之后，还可以借助DeepSeek来收集所需的活动素材，比如在对话框中输入提示词。

提示词

初二（1）班共有 45 人，请基于此方案，统计此次活动需要准备的道具及其数量，以表格形式输出。

DeepSeek（因篇幅有限，对生成内容做部分展示）

以下是针对 45 人班级的“团队协作与沟通”班会道具清单统计表（基于活动环节精准计算）

活动环节	道具名称	数量	计算依据	备注说明
破冰行动	无	—	纯肢体活动	无需道具
核心挑战：扑克塔	扑克牌	24副	6组×2副/组×2阶段	合并阶段每组实际使用4副
	计时器	1个	教师控制时间	可用手机代替
冲突解码站	便签本	6本	每组1本记录冲突	用于情景剧素材收集
	白板/黑板	1面	书写“换位三步法”	教室现有资源
团队契约树	叶片卡片	90张	45人×2张/人（承诺+期望）	建议不同颜色区分个人/团队承诺
	大树底版海报	1张	120cm×90cm整开卡纸	提前绘制树干树枝轮廓
	彩色胶带/胶棒	12个	每组2个	用于粘贴叶片
	马克笔	12支	每组2支	写卡片用（学生自带部分可补充）
备用道具	应急扑克牌	3副	防损坏或丢失	按总量10%冗余准备
	签字笔	10支	防学生忘带笔	—
	扩音器	1个	教师控场使用	教室环境嘈杂时必备

关键道具详解：

1. 扑克牌

• 分组逻辑：45 人 ÷6 组≈ 7 ~ 8 人 / 组（确保每组规模均衡）

• 用量依据：

第一阶段：6 组 ×2 副 / 组 =12 副

略

4.3 沟通家校协同

在教育教学体系中，做好家校沟通是教师履行育人使命、构建协同育人生态的重要职责。随着教育数字化转型，DeepSeek 作为智能教育助手，助力教师实现家校沟通的精准化与高效化，从而形成家校教育合力，全方位促进学生的知识习得与素养提升。

步骤01 打开DeepSeek，在对话框中输入提示词。在撰写提示词，建议按照“角色身份+学生问题背景+核心任务+具体要求”的公式，进行提示词设定。可以根据这个公式，灵活调整和应用，以满足不同场景下的需求。

提示词

我是一名高中老师，学生李明本学期数学作业已缺交 3 次，前两次已单独提醒，本次仍未提交。请帮我起草一份给家长的沟通消息，要求如下。

1. 语气亲切但严肃，避免责任认定。
2. 分析可能的原因。
3. 用“成长型思维”表述。

DeepSeek（因篇幅有限，对生成内容做部分展示）

尊敬的家长：

您好！我是李明的数学老师。感谢您一直以来对学校工作和他学习的支持！今天想就李明本学期数学作业的完成情况，与您做一次沟通，希望能共同支持他更好地掌握知识、发展能力。

我们观察到，本学期数学作业是巩固课堂所学、提升解题能力的重要环节。截至目前，李明同学已有三次作业未能按时提交(分别是在[提及大致日期，如：× 月 × 日、× 月 × 日和本周])。前两次情况，我已经与他本人进行了个别提醒和交流，强调了按时完成作业对于理解和掌握知识的重要性。很遗憾，本周的作业仍未收到。

略

步骤02 家长回应后协同制定解决方案，在DeepSeek对话框中输入提示词。

提示词

请生成一份家校协同计划，包含：作业跟踪表、每日签字规则、奖励机制。学生承诺补交作业并每日完成。

DeepSeek（因篇幅有限，对生成内容做部分展示）

家校协同成长计划：数学作业习惯养成方案

目标：帮助李明建立稳定的作业习惯，强化数学知识应用能力，培养自主学习责任感。

一、作业跟踪表（双周试行版）

使用说明：每日由李明自主填写，老师课堂批注，家长晚间签字确认。

日期	作业内容（老师填写）	完成状态（√/△/×）	补交状态（如适用）	教师简短评语（1–2句）	家长签字
例：7.8	课本P35 习题1–5	√	—	步骤清晰，思路有进步！	
例：7.9	试卷错题订正	△（完成80%）	—	订正认真，第3题可面谈	

√：按时高质量完成；△：部分完成/需改进；×：未交

补交栏：标注补交日期（例：补 7.8 作业√），直至补齐历史作业

略

步骤03 协同计划实施的后续跟进，在DeepSeek对话框中输入提示词。

提示词

李明近两周作业完成率 100%，请生成一份积极反馈消息给家长，鼓励持续执行计划。

DeepSeek（因篇幅有限，对生成内容做部分展示）

尊敬的家长：

您好！特别开心与您分享一个进步的好消息：在过去两周（×月×日–×月×日）的家校协同支持下，李明同学实现了数学作业 100% 完成率！这份改变令人欣喜，也印证了我们共同的信念——持续的行动能带来可见的成长。

一、我们观察到的积极变化

1. 责任意识提升

连续 14 天自主填写《作业跟踪表》，自我评估客观（如标注“△：第 3 题需辅导”后主动找我答疑）

2. 学习策略进步

三次利用“弹性延期”规则提前提交书面计划（如申请：“需多 30 分钟研究函数图像”），展现了问题预判能力

3. 正向行为固化

本周获 2 枚进步星标（例：评语“一题多解展现思维灵活性！”）

略

4.4 预警学生心理状态

在快节奏、高压力的学习环境中，心理辅导对学生至关重要。DeepSeek 作为智能工具，能为学生提供及时、个性化的心理支持，帮助教师敏锐捕捉学生书面表达中的心理信号，提前发现需关怀的学生并及时干预。将 DeepSeek 与专业心理辅导结合，可高效提升学生心理健康水平，筑牢心理防线，助力学生成长。

步骤01 打开DeepSeek，单击对话框中的“上传附件”按钮，上传学生的周记文本，如图4.4-1所示。

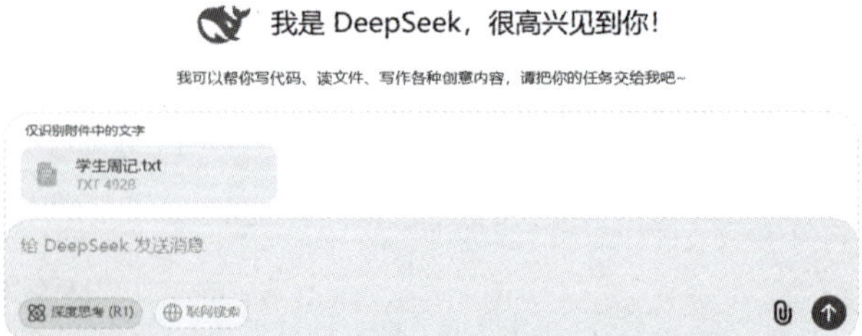

图4.4-1

步骤02 在DeepSeek的对话框中输入提示词，在撰写提示词时，建

议按照“角色定位+核心目标+分析对象+分析维度（含操作要求）+边界限定”的公式进行提示词设定。可以根据这个公式，灵活调整和应用，以满足不同场景下的需求。

提示词

请分析以下学生周记文本片段，重点关注其中可能反映出的情绪状态、压力信号或潜在心理困扰迹象。你的任务是辅助教师识别可能需要进一步关注的学生，并非进行专业诊断。

请按以下要点提供分析报告：

1. 主要情绪基调识别：用几个关键词概括文本整体传达的主要情绪（如：低落、焦虑、孤独、疲惫、无望感等）。

2. 潜在压力 / 困扰信号列举：具体列出文本中哪些词句、表达方式或主题内容可能暗示着压力、困扰或负面情绪？请逐条列出，并简要说明为什么该点值得关注（引用原文）。

3. 风险因素提示（如有）：文本中是否包含任何可能暗示更高风险的因素（例如：提到睡眠问题、无意义感、难以表达的困扰、孤立感、轻微的自伤 / 逃避想法等）？请明确指出并引用原文。

4. 教师关注建议：基于以上分析，给教师 1 ~ 2 条最优先的、具体的、可操作的建议（例如：建议温和地私下谈话关心近况、建议联系班主任了解社交情况、建议观察特定行为、建议与学校心理老师沟通等）。

DeepSeek（因篇幅有限，对生成内容做部分展示）

学生周记情绪与压力分析报告

1. 主要情绪基调识别

低落、疲惫、无望感、孤独、焦虑

2. 潜在压力 / 困扰信号列举

原文词句/表达	值得关注的原因说明
“这周感觉好累，什么都没意思”	直接表达身心疲惫与兴趣丧失（快感缺失），是抑郁情绪的典型表现
“作业总是写不完”	反映学业压力超负荷，可能伴随时间管理困难或自我要求过高的问题
“晚上躺床上也睡不着，脑子里乱糟糟”	睡眠障碍是心理压力的重要信号，思维混乱暗示焦虑或过度思虑
“好像怎么做都不够好”	自我否定感强烈，可能存在完美主义倾向或习得性无助，易引发低自我价值感
“要是能一直睡觉就好了”	逃避现实的幻想，透露出对压力的无力应对与退缩心理
“算了，不写了，反正也没人真的懂”	孤立感与沟通绝望，表明学生认为无人理解自己，可能阻碍主动求助

略

步骤03 教师的人工判断与行动：教师确认小雅因学业压力、睡眠障碍和沟通困难而深陷低落、孤独与逃避情绪，决定当天在私密空间与其一对一沟通，把结果同步给班主任与心理老师，并持续观察其课堂表现及周记，后续再按专业意见谨慎家校沟通。

4.5 构建校园安全素材库

对学生实施安全教育极为关键，它不仅直接关系到学生的自身安全，更是打造安全和谐校园环境的重要支撑。利用DeepSeek这一智能工具，教师能够迅速掌握前沿的安全信息，并据此创作出形式丰富的校园安全素材库。DeepSeek的融入，让校园安全教育变得更为鲜活、高效，显著增强了教学效果，提升了教育品质。

比如，构建一个包含“校园欺凌预防”“应急疏散演练”“实验室安全”等主题的素材库。可分别整理素材，再进行整合。

4.5.1 生成核心教学内容

生成核心教学内容，如教案、知识要点、脚本等，需要向 DeepSeek 提供清晰的主题、目标受众、时长要求等。

步骤01 打开DeepSeek，在对话框中输入提示词。在撰写提示词时，建议按照“角色定位+核心任务+内容框架+具体要求”的公式进行提示词设定。可以根据这个公式，灵活调整和应用，以满足不同场景下的需求。

提示词

你是一位经验丰富的德育教师。请为我设计一份面向初中二年级学生、时长45分钟的“识别与应对校园欺凌”主题班会课教案。教案需包含以下部分：

• 活动目标：（知识、能力、情感目标）

• 活动准备：（教师、学生、物料）

• 活动流程：（详细步骤，包括导入、知识讲解、案例分析、小组讨论、角色扮演、总结升华等环节，时间分配）

• 教学资源建议：（可用的图片、短视频、文章链接等）

• 课后延伸：（给学生的思考题或小任务）

请确保内容符合初中生认知水平，语言通俗易懂，活动形式互动性强，重点强调如何寻求帮助和建立友善氛围。

DeepSeek（因篇幅有限，对生成内容做部分展示）

活动流程：

1. 导入（5分钟）：

播放一段展示不同形式欺凌（语言、社交、肢体）的动画短片（资源建议：搜索“校园欺凌公益动画微视频”)，提问：“视频中发生了什么？哪些行为属于欺凌？”引导学生初步感知。

2. 知识讲解（10 分钟）：

清晰定义校园欺凌（重复性、力量不平衡、故意伤害）。

展示图文介绍常见形式：言语欺凌（嘲笑、起外号）、社交欺凌（排挤、散布谣言）、肢体欺凌（推搡、殴打）、网络欺凌（线上辱骂、传播隐私）。

重点：强调“旁观者”也是欺凌事件的重要角色，鼓励做“向上的力量”。

略

步骤02 如果需要对生成的方案进行调整，可以在对话框中输入提示词。

提示词

请另外举一个案例进行小组讨论分析。

DeepSeek（因篇幅有限，对生成内容做部分展示）

新案例：“消失的画作”

案例简述：

小美（化名）精心准备的一幅准备参加比赛的美术作品不翼而飞，却被同学嘲笑是不是因为画得太丑不敢交了？后来在某社交群里发现了画作的照片，但照片上的画作被人恶意涂鸦，旁边还写着“丑八怪”“垃圾作品”等侮辱性文字。

小组讨论问题.

1. 识别欺凌行为：

在这个案例中，你观察到了哪些具体的欺凌行为？（请结合知识讲解中的形式：言语、社交、肢体、网络）

2. 受害者：

如果你是小美，在经历了画作丢失、被当众嘲笑、看到网络涂鸦后，你可能会有什么样的感受？（引导说出具体的情绪，如·愤怒、悲伤、恐惧、羞耻、无助）

略

4.5.2 转化现有材料

转化现有材料，如政策文件转指引、长文转摘要、脚本转对话等，需要将方案文本（或关键部分）粘贴或以附件形式上传给 DeepSeek，要求转化为适合学生的语言和形式。

步骤01 打开DeepSeek，单击对话框中的“上传附件”按钮，上传需要转化的文件，如图4.5-1所示。

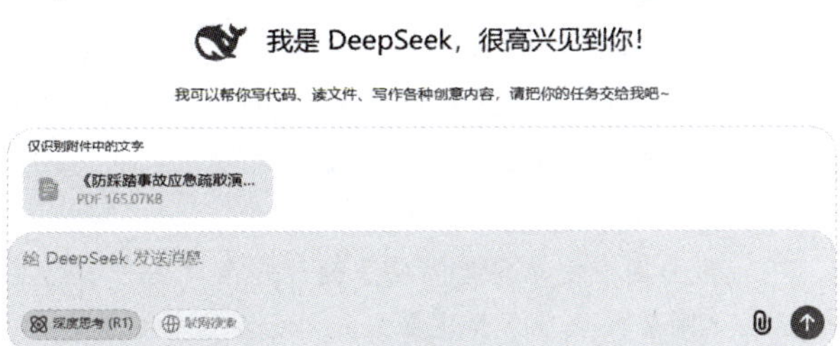

图4.5-1

步骤02 在DeepSeek的对话框中输入提示词。在撰写提示词时，建议按照“任务类型+源材料（原文件）+目标形式（新文本）+目标受众+具体要求”的公式进行提示词设定。可以根据这个公式，灵活调整和应用，以满足不同场景下的需求。

提示词

请将上传的《防踩踏事故应急疏散演练方案》文件中的核心要求和步骤，转化为面向全体小学生的“疏散演练学生须知”。要求如下。

- 语言简洁、口语化，用短句和分点表述。
- 只保留学生需要知道和做到的关键信息（做什么、怎么做、禁止做什么）。
- 使用清晰的步骤编号（1.2.3...）。
- 重点强调安全注意事项（如不推挤、不弯腰捡东西）。
- 开头有简短重要性说明，结尾有鼓励语。

DeepSeek（因篇幅有限，对生成内容做部分展示）

小学生疏散演练安全须知

同学们，认真参加疏散演练，关键时刻能保护自己和大家！请务必牢记并做到：

1. 听信号：一听到连续的、急促的警报声（或老师口令），演练开始！立刻停下一切活动。

2. 快静齐：迅速在走廊排成两路纵队，不推、不挤、不跑、不喊叫！保持绝对安静，才能听清指令。

3. 跟路线：严格按班级规定路线走（平时记熟路线图！）。下楼时靠右行走，手可轻扶扶手。

4. 守纪律：

- 绝对禁止：弯腰捡东西、系鞋带、逆向行走、开玩笑打闹！
- 如果东西掉了：千万别捡！继续走，安全后报告老师。

略

步骤03 如果需要对生成的材料进行修改，可以在对话框中输入相应修改的提示词，就可得到修改后的材料。

4.5.3 创建知识卡片/问答/小贴士

创建知识卡片/问答/小贴士用于宣传栏、公众号、班级群等，需要指定主题和形式要求（如卡片式、Q&A、顺口溜等）。

步骤01 打开DeepSeek，在对话框中输入提示词。在撰写提示词时，建议按照“任务类型+目标领域+内容聚焦点+格式规范+特殊要求+应用场景”的公式进行提示词设定。可以根据这个公式，灵活调整和应用，以满足不同场景下的需求。

提示词

请为高中化学实验室安全设计5条“安全小贴士”知识卡片。要求如下。

- 每条聚焦一个具体安全点（如护目镜佩戴、化学品处理、防火、用电、应急处理等）。

- 格式：标题 + 1 ~ 2 句简明扼要的说明 / 要求。
- 语言精准、警示性强，用词严谨。每条不超过 40 字。
- 适合打印张贴在实验室墙上或发布在公众号。

DeepSeek（因篇幅有限，对生成内容做部分展示）

1. 护目镜！全程戴！
实验开始到结束，任何操作都必须正确佩戴防护眼镜，阻挡飞溅物伤害眼睛。
2. 识标签！慎操作！
取用任何化学品前，必须仔细阅读标签，了解其危险性和操作规程，严禁随意混合。
3. 明火远！禁吃喝！
实验室内严禁吸烟、使用明火（特定实验除外），禁止饮食、饮水，防止引燃或误食化学品。
略

步骤02 如果需要对生成的内容进行修改，可以在对话框中输入相应修改的提示词，就可得到修改后的内容。

4.5.4 素材整理与归类

在生成了很多不同主题、不同格式的素材后，可以利用DeepSeek的文本处理能力对素材进行整理与归类，形成一个结构化的文档（如Word或Excel）。

打开DeepSeek，在对话框中输入提示词。在撰写提示词时，建议按照“任务类型+处理对象+输出结构+内容处理规则+格式要求”的公式进行提示词设定。可以根据这个公式，灵活调整和应用，以满足不同场景下的需求。

提示词

请将我上传的多个关于校园安全的文件内容整理到一个表格中，表格包含以下内容。
- 序号。
- 素材标题 / 核心内容简述（你根据内容提炼一个简短的标题）。
- 适用主题（从以下选 1 ~ 2 个：消防安全 / 交通安全 / 防欺凌 / 心理健康 / 实验室安全 / 食品安全 / 应急疏散 / 防溺水 / 防诈骗 / 其他）。
- 素材类型（教案 / 须知 / 通知 / 信函 / 小贴士 / 问答 / 脚本 / 其他）。
- 适用学段（幼儿园 / 小学低段 / 小学高段 / 初中 / 高中 / 通用）。
- 关键内容摘要（1 ~ 2 句话概括核心信息）。
- 原始文本片段（你整理时引用的原素材关键句，用引号标明）。

要求：分类准确，摘要精炼。

DeepSeek（因篇幅有限，对生成内容做部分展示）

序号	素材	适用主题	素材类型	适用学段	关键内容摘要	原始文本片段
1	初中防欺凌班会教案	防欺凌	教案	初中	包含目标、流程、活动设计，强调识别、求助和旁观者责任	活动流程： 1.导入（5分钟）：播放动画…… 2.知识讲解（10分钟）：定义欺凌形式…… 3.案例分析（15分钟）……
2	小学生疏散演练须知	应急疏散	须知	小学	简明列出学生疏散步骤和禁止行为，强调安静有序	1.听信号…… 2.快静齐…… 3.跟路线…… 4.守纪律……
3	化学实验室安全贴士	实验室安全	小贴士	高中	5条精炼提示，涵盖防护、操作、防火、用电、应急	1.护目镜！全程戴！…… 2.识标签！慎操作！…… 3.明火远！禁吃喝！……

略

4.6 排课与资源调度系统

教师使用 DeepSeek 排课与资源调度系统，可高效生成多套课表，智能规避时间、教室及教师冲突。面对临时调课需求，系统能快速匹配代课教师并优化资源。支持个性化规则设定，如教师偏好、单双周限制等，确保工作量均衡分配。系统以数据化形式呈现冲突率、利用率等关键指标，提升排课精准度与效率，降低人工成本，为教学管理提供有力支持。

步骤01 打开DeepSeek，在对话框中输入提示词。在撰写提示词时，建议按照“角色定位+任务类型+处理对象+核心数据+限制要求+输出格式要求”的公式进行提示词设定。可以根据这个公式，灵活调整和应用，以满足不同场景下的需求。

提示词

作为教务主任，请基于以下数据生成七年级课表：

- 班级：7年1～8班（每班40人）
- 课程：语文（6节/周）、数学（5节）、化学（2节含实验）
- 资源：化学实验需LAB-C01（容量40人）
- 限制：

– 语文教师 A 周四下午不授课
– 体育课不得连续两节
输出格式：HTML 表格（按班级分页）

DeepSeek（因篇幅有限，对生成内容做部分展示）

七年级课表生成系统：

```
<!DOCTYPE html><html lang="zh-CN"><head>
    <meta charset="UTF-8">
   <meta name="viewport" content="width=device-width, initial-scale=1.0">
   <title> 七年级课表 – 7 年 1–8 班 </title>
   <style>
略
```

步骤02 单击生成的HTML代码框右上的“运行”按钮，可在网页查看此课表生成系统，如图4.6-1所示。

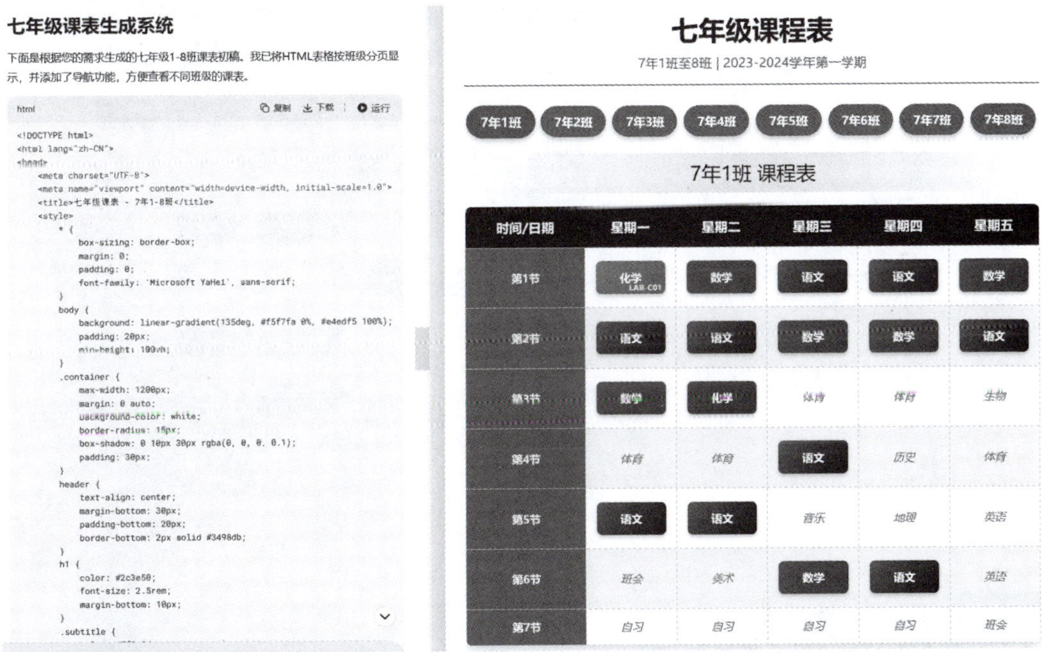

图4.6-1

步骤03 若有需要，可以动态调整课表，比如在对话框中输入相应调整的提示词。

提示词

在现有课表中插入“防疫讲座”（2 课时，全体学生），自动避开实验室使用高峰。

DeepSeek（因篇幅有限，对生成内容做部分展示）

七年级课表系统（含防疫讲座）

我将根据您的需求，在现有课表系统中添加“防疫讲座”（2 课时，全体学生），并确保避开实验室使用高峰。下面是完整的实现方案：

```
<!DOCTYPE html><html lang="zh-CN"><head>
    <meta charset="UTF-8">
    <meta name="viewport" content="width=device-width, initial-scale=1.0">
    <title> 七年级课表 - 7 年 1-8 班 | 含防疫讲座 </title>
略
```

步骤04 单击生成的HTML代码框右上的“运行”按钮，可在网页查看更新后的课表，如图4.6-2所示。

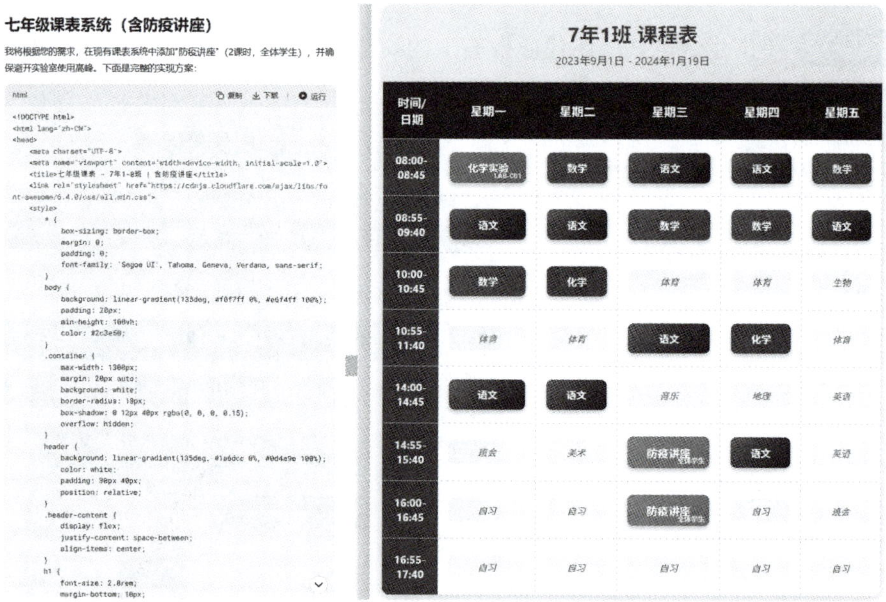

图4.6-2

4.7 处理教务文档

传统教务文档处理中，教师面临重复劳动、个性化受限、标准化困难等问题，如发言稿反复调整、评语逐句构思、教学计划审核依赖经验且易遗漏。借助 DeepSeek，教师可高效整理发言稿框架，快速生成个性化评语，自动校验教学计划规范性，梳理文档逻辑。这不仅节省大量常规工作时间，减少人为疏漏，提升文档质量，还释放了时间让教师专注教学核心，实现效率与质量的双重提升。

4.7.1 生成家长会发言稿

在家长会上，教师需全面剖析班级整体状况，既要精准指出共性问题，又要结合实际给出切实可行的家庭教育建议。借助 DeepSeek 这一智能工具，教师能够高效生成一份逻辑清晰、内容丰富的家长会发言稿。

步骤01 打开DeepSeek，在对话框中输入提示词。在撰写提示词时，建议按照“角色定位+任务类型+结构要求+内容要求+语言风格”的公式进行提示词设定。可以根据这个公式，灵活调整和应用，以满足不同场景下的需求。

提示词

我是一名班主任，请帮我撰写一份 10 分钟家长会发言稿提纲，要求如下。

- 数据：班级平均分 85.2（较月考 +3.5 分），进步最大科目：数学（+7.1 分）。
- 亮点：课堂互动积极（98% 学生参与小组合作）。
- 问题：作业迟交率 22%（主因是手机使用失控）。
- 需求：引导家长关注学习习惯而非分数，给出 3 条可操作建议。

要求：语言亲切有感染力，避免说教，结尾用金句激励。

DeepSeek（因篇幅有限，对生成内容做部分展示）

主题：成长比成绩更珍贵，习惯为未来奠基

一、温暖开场：看见进步的力量（2 分钟）

- 情感联结

“感谢各位在雨夜赴约，这份支持是孩子前进的底气。今天我们不谈排名，只聊成长——那些比分数更珍贵的蜕变。”

- 数据亮点

“班级平均分跃升 3.5 分，数学进步 7.1 分！这不是奇迹，是孩子们课间追着老师问问题的身影，是小组讨论时 98% 同学主动发言的智慧碰撞。”

可视化呈现：折线图展示分数趋势，圈出数学涨幅

略

步骤02 如果需要对生成的内容进行修改，可以在对话框中输入相应修改的提示词，就可得到修改后的内容。

4.7.2 生成个性化评语

教师撰写学生评语时，需兼顾班级共性与学生个性。借助 DeepSeek 可结合全班学习轨迹、活动参与等数据，提炼共性成长特质；同时深度挖掘个体课堂闪光点、特长发展等细节，避免模板化表述。既贴合班级实际，又凸显每名学生独特印记，助力教师高效完成有温度的个性化评语。

步骤01 打开DeepSeek，在对话框中输入提示词。在撰写提示词时，建议按照“角色定位+任务类型+目标对象+分类维度+内容模块+格式/风格要求”的公式进行提示词设定。可以根据这个公式，灵活调整和应用，以满足不同场景下的需求。

提示词

你是一名班主任，请基于以下学生特征生成5条差异化期末评语模板：
类型1：成绩优异但内向，需鼓励社交
类型2：期末考试对比期中考试，进步显著，需强化信心
类型3：思维活跃但粗心，需提醒细致
类型4：热心班级事务但成绩待提高
类型5：有艺术特长，可关联学科学习
要求每条评语：
– 肯定优点（具体化）
– 委婉指出1个改进点
– 用一句名言或诗句结尾激励
语言亲切，避免空话。

DeepSeek（因篇幅有限，对生成内容做部分展示）

以下是为5类学生量身设计的期末评语模板，每条均包含具体肯定、委婉建议和名言激励，符合教育评价的积极导向原则：

• 类型1：成绩优异但内向

看到你每次作业的解题思路都让老师惊艳！你的独立思考能力是宝贵财富。如果能在小组活动中尝试分享观点，会发现更多思维的乐趣哦。就像泰戈尔所说：“唯有保持开放，阳光才能照进灵魂。”

• 类型2：进步显著需强化信心

从期中××分到期末××分的飞跃，见证了你课间追着老师提问的努力！请记住这个用汗水换来的进步，继续勇敢挑战难题。荀子《劝学》有言：“不积跬步，无以至千里”，下一步咱们瞄准知识深度！

略

步骤02 根据以上不同类型的评语，结合具体学生的个别信息，就可以生成每个学生不同的个性化评语。

4.7.3 审核教学计划

优秀的教学计划需兼顾规范性与适配性，DeepSeek可智能比对课程标准、学情数据等基准要求，自动校验目标合理性、内容完整性及进度科学性，确保共性要求精准落地；同时分析教师特长与班级差异，提供分层设计建议，助力标准化框架与个性化需求有机融合，提升计划可操作性与实施效能。

步骤01 打开DeepSeek，单击对话框中的“上传附件”按钮，上传教学计划文件，如图4.7-1所示。

图4.7-1

步骤02 在DeepSeek的对话框中输入提示词。在撰写提示词时，建议按照“任务类型+处理对象+具体优化指令+输出格式规范”的公式进行提示词设定。可以根据这个公式，灵活调整和应用，以满足不同场景下的需求。

提示词

请审核附件的教学计划并优化，要求如下。

1. 按新课标补充核心素养目标（推理能力 / 模型观念）。
2. 将模糊表述具体化（如“能解方程”→“能解含分数系数的一元一次方程”）。
3. 用表格规范格式：| 课时 | 教学目标 | 重点难点 | 评估方式 |。
4. 建议一个跨学科实践案例（如用方程解决科学实验问题）。

DeepSeek（因篇幅有限，对生成内容做部分展示）

优化后的教学计划表（七年级上册 · 方程单元）

课时	教学目标（含核心素养）	重点难点	评估方式
1	知识目标：能识别实际问题中的等量关系，正确定义未知数并列出方程 素养目标：通过观察方程结构建立模型观念……	重点：分析等量关系 难点：将文字描述转化为数学语言	课堂观察：小组讨论中能否举例构建方程 练习题：完成3个生活场景建模题
2	知识目标：能利用等式性质解含整数系数的一元一次方程（如$3x+5=11$） 素养目标：强化推理能力…… 推理能力：说明每一步变形的等式依据	重点：等式性质的应用 难点：移项时符号处理	板演纠错：针对步骤书写规范性 小测：解5道基础方程（正确率≥80%）
3	知识目标：能解含分数/小数系数的一元一次方程（如$\frac{2}{3}x-0.5=1$） 素养目标：深刻体会模型观念…… 推理能力：通过分数化整、小数化整优化计算	重点：系数转化为整数 难点：分数方程通分后的符号处理	错题分析：收集分母处理典型错误 分层练习：A组（分数系数）、B组（小数系数）
4	知识目标：综合运用方程解决实际问题（如利润问题、工程问题） 素养目标：展现模型观念的应用价值…… 模型观念：验证解的合理性（如时间不可为负）	重点：建立方程模型 难点：识别隐含等量关系	应用题报告：写出建模过程和解的意义 变式题测试：修改题中1个条件重新求解

略

步骤03 如果需要对生成的内容进行修改，可以在对话框中输入相应修改的提示词，就可得到修改后的内容。

4.8 生成招生宣传文案

传统招生方案撰写耗时费力，教师需调研家长需求但信息分散，文案易模板化，缺乏情感共鸣且反复修改效率低。引入DeepSeek后，教师可快速提取家长关注的关键维度，结合学校优势生成结构化框架，并融入真实教学场景案例，让文案兼具专业性与温度，缩短筹备周期，增强家长信任，实现招生工作质效双升。

步骤01 招生宣传文案的核心目标是吸引目标家长（如5～12岁孩子家长）关注，传递机构/教师的“专业性”“亲和力”“课程价值”，最终促成报名。

需提前明确如下内容：

（1）目标受众：家长（年龄28～45岁，关注孩子兴趣培养、综合素质提升）；

（2）核心卖点：教师的教学经验（如“10年少儿舞蹈教学经验”）、课程特色（如“游戏化教学”“舞台实践机会”）、机构优势（如“安全教室”“优秀学员案例”）；

（3）文案风格：亲切、专业、有温度（避免过于商业化，突出“陪伴孩子成长”的理念）。

步骤02 打开DeepSeek，在对话框中输入提示词。在撰写提示词时，建议按照“角色定位+任务目标+内容模块+具体要求+输出要求”的公式进行提示词设定。可以根据这个公式，灵活调整和应用，以满足不同场景下的需求。

提示词

你是××艺术培训机构的少儿舞蹈老师，有8年教学经验，带过的学生小A（8岁）从不敢上台到获得区级舞蹈比赛二等奖。现在需要在朋友圈发一条招生文案，目标是让家长觉得“你的课程能真正帮助孩子成长”。请包含以下内容：

学生成长故事（小A的变化，具体细节：如“一开始躲在角落哭，后来主动要求加练”）；

课程特色（强调“耐心引导”“个性化指导”）；

行动号召（如“点击预约试听课”）；

配图建议（小A比赛的照片/课堂互动的温馨瞬间）。

DeepSeek（因篇幅有限，对生成内容做部分展示）

【8年舞蹈老师：每个“不敢”的孩子，都藏着会发光的种子】

翻到小A第一次上课的视频——缩在教室角落哭，攥着舞裙边说“不想跳”。

现在的她，站在区级比赛舞台，转圈时发梢扬起的弧度，像朵终于绽放的小太阳。

变化藏在细节里：

从躲镜子后哭，到拽着我衣角问“这个转圈能再练一遍吗？”；

从缩成一团，到放学追着说“回家要对着电视练十遍！”；
领奖时，她回头看观众席的第一眼——是第一次陪她上课，躲在门后抹眼泪的妈妈。
她不是“天赋型”，只是敏感、怕出错。
但在 ×× 艺术，我们不催“必须勇敢”，先陪她和影子玩“找不同”；
不嫌“动作慢”，先发现她踮脚时像小天鹅的可爱；
不否定眼泪，递纸巾时说：“你刚才忍住没哭的样子，已经超棒了。”
如果你家也有个“小 A”——
想让她从“我不敢”变成“我想试”，
想让舞蹈帮她学会坚持，更爱自己，
点击预约【1 对 1 试听课】，
这节课，我们不教“标准动作”，只找“属于你的光”。
略

步骤03 可以根据不同的招生场景生成不同类型的招生文案，比如在DeepSeek对话框中输入提示词。

提示词

你是 ×× 艺术培训机构的少儿舞蹈老师，有 8 年教学经验，带过的学生在区级比赛中获过奖。现在需要在商场做地推，目标是吸引带孩子的家长停留，介绍我们的“趣味少儿舞蹈课”（适合 5 ~ 12 岁孩子，课程包含游戏化热身、创意编舞、舞台实践）。请设计一段亲切活泼、突出“玩中学”的招生文案，控制在 2 分钟内，包含以下内容：

打招呼（自然，不生硬）；
引起兴趣（用孩子熟悉的场景，如“喜欢跳皮筋 / 玩过家家吗？”）；
介绍课程特色（游戏化教学、舞台实践）；
邀请体验（赠送小礼物，如“舞蹈发箍”）。

DeepSeek（因篇幅有限，对生成内容做部分展示）

（蹲下来和孩子平视，笑着递一颗水果糖）宝贝，平时喜欢跳皮筋还是玩过家家呀？哎呀，看你蹦蹦跳跳的，肯定是个爱跳舞的小精灵 ~

阿姨是 ×× 艺术培训的舞蹈老师，我们这儿的课可好玩啦！不像传统舞蹈班光练压腿，咱们上课是“玩游戏 + 编舞蹈 + 当小明星”——比如第一节课会用彩虹伞玩“小蝴蝶采蜜”，转圈圈时还能学下腰；第二节课让孩子自己编“魔法森林”的动作，你说小松鼠怎么蹦、小花怎么摇，老师就跟着编；学到后面还能穿漂亮小裙子，在商场小舞台表演给爸爸妈妈看！

（转向家长，举高发箍）现在预约试听课，还送这个会发光的舞蹈发箍——孩子戴上肯定舍不得摘！就半个小时，您陪孩子来玩一玩，要是觉得不好玩，咱们扭头就走 ~

略

4.9 分析教学成果数据

传统教学成果数据分析面临多源异构数据处理烦琐、关键信息挖掘不足的问题。教师需手动整理学情、作业反馈、课堂表现等多维度数据，耗时且易遗漏隐性关联，基于经验的分析难以精准定位薄弱环节。借助 DeepSeek，教师可精准发现教学问题，为改进提供科学指引，显著提升数据分析和教学反思的效率与深度，助力学生成长。

步骤01 打开DeepSeek，单击对话框中的“上传附件”按钮，上传选择整理好的Excel成绩表，如图4.9-1所示。

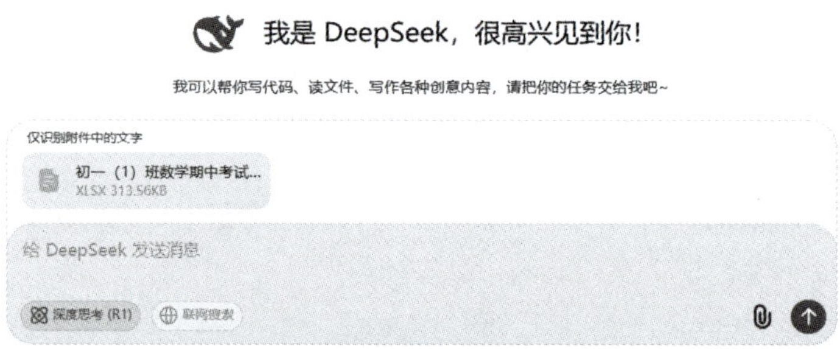

图4.9-1

步骤02 在DeepSeek的对话框中输入提示词。在撰写提示词时，建议按照“任务类型+处理对象+具体要求+输出格式规范”的公式进行提示词设定。可以根据这个公式，灵活调整和应用，以满足不同场景下的需求。

提示词

请分析上传的这份初一（1）班数学期中考试成绩表，要求如下。

1. 计算班级平均分、最高分、最低分、及格率。
2. 统计分数段分布（<60 分、60 ~ 79 分、80 ~ 89 分、≥ 90 分）。
3. 列出前 10 名学生与后 10 名学生的姓名及总分。
4. 对比年级平均分（82 分）、优秀率（≥ 90 分占比 25%），标注班级薄弱点。
5. 输出用表格呈现，可复制到 Excel。

DeepSeek（因篇幅有限，对生成内容做部分展示）

1. 整体情况输出

指标	数值	说明
班级平均分	78.5	低于年级平均分（82分）
最高分	95	学生007（张某某）
最低分	45	学生015（李某某，缺考）
及格率	82%	及格人数41/总人数50

2. 分数段分布输出

分数段	人数	占比	班级特征
<60分	5	10%	学困生集中，需重点关注
60～79分	20	40%	中等生为主，基础需巩固
80～89分	22	44%	中等偏上，需提升综合题能力
≥90分	3	6%	尖子生少，优秀率低于年级

略

步骤03 基于分析的结果，可以生成针对性建议。比如在对话框中输入提示词。

提示词

请基于以上班级成绩的分析结果，结合教育数据挖掘理论与智能测评系统实践，生成分层递进、可操作性强的教学策略。

DeepSeek（因篇幅有限，对生成内容做部分展示）

一、学困生（后 10%）提升策略

1. 问题定位：

- 低分集中区间：45 ～ 62 分（占比 10%）
- 共性短板：选择题得分率低（≤ 50%），基础概念模糊

2. 建议方案：

- 基础补漏计划

– 错题溯源：要求学生整理近 3 次考试中选择题错题，按知识点分类（如“二次函数图像性质”“几何定理应用”），标注错误类型（概念混淆 / 计算错误）。

– 微专题训练：每周推送 3 ~ 5 道基础题(如“求二次函数顶点坐标”“勾股定理逆定理判断”)，配套“解题思路模板”（如“画图→标关键点→代入公式”）。

– 同伴互助：组建“基础巩固小组”，由中等生担任组长，每日 10 分钟互相讲解 1 道基础题（参考中的分层学习模式）。

• 家校协同干预

– 家长沟通模板：

略

第5章
教师专业发展 DeepSeek 加速器

在教育高质量发展的背景下，教师专业发展是提升教育质量的关键。借助 DeepSeek 等人工智能工具，教师在学术研究、教学实践和职业成长等方面实现了能力跃升。AI 构建了融合理论指导、实践应用、个体反思与系统规划的全方位支持体系，为教师注入新活力，助力理念更新与行动优化，推动教育教学质量持续提升。

5.1 辅助论文写作

借助 DeepSeek，教师可快速完成文献检索、研究思路梳理、初稿撰写及语言润色。它能分析研究热点，推荐参考文献，优化论文逻辑与表达，保障语言质量和学术规范，让教师专注于核心问题与创新内容。

5.1.1 建议论文选题

选题是论文撰写的核心环节，直接影响论文的创新性、可行性以及学术价值。借助 DeepSeek 智能搜索工具，教师能够更高效地捕捉学科前沿动态，深入分析研究趋势，并结合自身的专业方向与教学实践，精准锁定具有研究潜力和发展空间的选题方向。

步骤01 打开并进入DeepSeek首页，在对话框中输入相应提示词，提示词可以根据所教授科目或结合自身研究方向，搜索热点课题。DeepSeek结合工程教育理念与新工科建设要求，兼顾学生创新能力培养目标，为教师提供科学合理的选题建议。

提示词

我是一名大学实验课老师。现在需要写一篇关于设计和测试电路的教改论文，请帮我搜索热点课题。

DeepSeek（因篇幅有限，对生成内容做部分展示）

1. 虚拟仿真与实体实验结合的混合教学模式
- 基于 Multisim/Proteus/PSpice 等软件的虚拟仿真实验
- 远程在线实验平台建设
- 虚实结合的实验教学体系设计
- 疫情期间线上电路实验教学经验总结
2. 工程认证背景下的实验课程改革
- OBE(成果导向教育)理念在电路实验中的应用
- 复杂工程问题解决能力培养

略

步骤02 教师可以根据自身兴趣选定初步选题方向，然后在对话框输入具体需求，DeepSeek将为教师提供选题细化建议或调整方案。

提示词

请针对课题“全国大学生电子设计竞赛经验融入常规教学”进行细化，提出系统性研究框架。

DeepSeek（因篇幅有限，对生成内容做部分展示）

1. 竞赛与常规教学的差异分析

能力维度对比：

- 竞赛：创新思维、工程实践、团队协作、抗压能力
- 常规教学：理论基础、规范操作、系统认知、安全意识

内容特征对比：

- 竞赛：跨学科综合、前沿技术、真实问题导向
- 常规教学：知识模块化、经典理论、循序渐进

2. 融合路径设计

三层融合模型：

略

步骤03 教师还可以输入具体的选题内容，DeepSeek将基于专业分析框架，对选题的研究价值、创新性及可行性进行综合评估。

提示词

我的论文选题是“全国大学生电子设计竞赛经验融入常规教学”，请帮我评估该选题的研究价值。

DeepSeek（因篇幅有限，对生成内容做部分展示）

研究价值分析

1. 政策契合度

- 直接响应《新工科建设指南》中“竞赛反哺教学”的倡导
- 符合教育部“以赛促教、以赛促学”的指导方针
- 对接工程教育认证中“解决复杂工程问题能力”的培养要求

2. 现实需求性

- 解决传统教学中存在的痛点：
  • 理论与实践脱节（竞赛案例可提供真实项目场景）

略

5.1.2 梳理研究背景

梳理研究背景是论文写作的起始环节，借助 DeepSeek，教师能够高效处理海量文献资源，快速提取关键信息，准确把握领域内的研究热点与发展趋势，并自动生成结构清晰、内容详细的研究背景分析报告，提升了文献梳理的效率与准确性。

步骤01 在确定论文选题后，教师可在DeepSeek的对话框中进一步输入提示词，引导AI协助梳理相关研究背景。DeepSeek将围绕选定的论文主题，通过智能分析文献，精准提取关键信息，识别研究热点与发展趋势，生成结构清晰、内容详细的背景分析报告。

提示词

我的论文选题是“全国大学生电子设计竞赛经验融入常规教学”，请帮我梳理研究背景。

DeepSeek（因篇幅有限，对生成内容做部分展示）

1. 国家战略需求与教育改革导向

创新驱动发展战略：国家强调创新型人才培养，电子设计竞赛（如全国大学生电子设计竞赛）是检验学生实践创新能力的重要平台。

新工科建设：教育部推动工程教育改革，要求强化学生解决复杂工程问题的能力，竞赛经验中的项目式学习（PBL）与之高度契合。

产教融合政策：竞赛题目多源于产业真实需求（如物联网、智能硬件），融入教学可促进校企协同育人。

2. 当前常规教学的现实困境

理论与实践脱节：传统电子类课程（如电路、单片机）偏重理论，学生缺乏系统级设计能力和工程思维。

略

步骤02 可以不断调整和优化提示词，使问题更加具体、细致，能够有效提升DeepSeek生成内容的精准度与相关性。

提示词

我的论文选题是“全国大学生电子设计竞赛经验融入常规教学”，请从竞赛定位与教学意义、常规教学现存问题、竞赛经验的教学价值等方面，重新帮我梳理研究背景。

DeepSeek（因篇幅有限，对生成内容做部分展示）

1. 竞赛定位与教学意义

全国大学生电子设计竞赛作为教育部倡导的学科竞赛之一，自创立以来已发展成为我国电子信息类高等教育领域最具影响力的创新实践平台。该竞赛秉承“紧密结合教学实际，着重基础、注重前沿”的核心原则，旨在通过综合性工程项目的设计与实现，全面培养学生的创新能力、协作精神和工程实践能力，同时促进电子信息类专业与课程的改革与建设。

2. 常规教学现存问题

课程体系割裂化：传统实验教学中各门课程独立设置，实验内容往往局限于单门课程的知识点验证，缺乏跨课程的综合应用训练。如模拟电路、数字电路、单片机等课程的实验环节各自为政，导致学生难以建立系统级电子设计的整体思维框架，无法将分散的知识点融会贯通形成解决复杂工程问题的能力。

略

步骤03 在已有内容的基础上，教师可以进一步输入提示词，引导DeepSeek对回答进行拓展与深化，提升论文写作的深度与广度。

提示词

如何平衡竞赛与常规教学内容？

DeepSeek（因篇幅有限，对生成内容做部分展示）

1. 课程体系重构：分层融合

基础层（低年级）

常规教学为主：夯实电路分析、模拟/数字电子技术等核心课程基础，确保知识体系的完整性。

竞赛元素渗透：在实验课中植入竞赛简化项目（如“简易函数信号发生器设计”），用竞赛的工程思维改造传统验证性实验。

提高层（中高年级）

模块化项目课程：开设《电子系统综合设计》等课程，直接引入竞赛典型题目（如电源类、控制类赛题）作为学期项目。

学分替代机制：允许学生用竞赛获奖成果（如省级一等奖）置换相关课程设计学分，避免重复学习。

2. 教学内容设计：双向映射

略

5.1.3 查阅参考文献

参考文献的检索与筛选是论文写作过程中不可或缺的重要环节，借助 DeepSeek，教师可以显著提升文献搜索的效率与精准度，帮助研究者更清晰地把握学术前沿，聚焦关键问题，从而加快科研进程、提升论文质量。

步骤01 在DeepSeek的对话框中，输入与研究主题相关的提示词，可以直接表述为“关于[主题]的论文，需要搜索参考文献”。然后，选择“深度思考（R1）”和“联网搜索”模式，单击发送按钮。等待片刻后，即可查看DeepSeek根据提示词智能筛选出与研究主题高度相关、具有代表性的高质量文献资源。

提示词

我正在准备撰写一篇“全国大学生电子设计竞赛经验融入常规教学”的教改论文，请帮我搜索相关参考文献。

DeepSeek（因篇幅有限，对生成内容做部分展示）

核心文献：

1. 李胜铭《全国大学生电子设计竞赛备赛指南与案例分析》（2025 版），含 20 个可复现赛题案例

2. 刘宇团队《应用随机过程 A》课程改革实践（西安电子科技大学学报，2025）

数据支撑：

1. 全国大学生电子设计竞赛十年评估报告（1994—2003 年参赛规模增长 12 倍）

2. 2025 年“鼎阳杯”教学案例竞赛 36 项一等奖作品分析

教改方法论：

1. “问题链－项目链－能力链”三链融合模型（武汉大学教改论文，2025）

2. 智能时代工程教育OMO模式构建（高等教育出版社，2025）

略

步骤02 教师可针对DeepSeek提供的参考文献内容进行深入追问，以获取更具体的研究细节或拓展相关领域的知识。

提示词

请具体解释什么是“问题链－项目链－能力链”三链融合模型。

DeepSeek（因篇幅有限，对生成内容做部分展示）

模型定义与核心逻辑

1. 问题链（驱动层）

本质：基于竞赛真实工程问题拆解的阶梯式问题集合

作用：将复杂赛题分解为可教学化的子问题，形成逻辑递进的“问题台阶”

特点：低阶问题：单一知识点应用（如“运放电路稳定性分析”）；高阶问题：多学科交叉问题（如“带无线通信的电源效率优化”）

2. 项目链（载体层）

略

步骤03 还可将参考文献上传至DeepSeek，借助AI进行智能概括与总结。如图5.1-1所示，单击“附件”按钮，将论文文件导入系统，在对话框中输入提示词（例如“研究目的”“创新点”或“研究方法”等），然后发送。

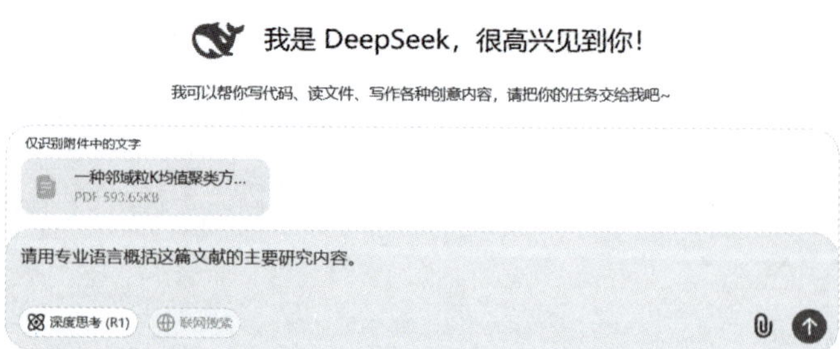

图5.1-1

步骤04 DeepSeek对论文进行深度解析后，提炼出其核心研究内容，帮助教师快速把握论文的主旨与学术价值。

DeepSeek（因篇幅有限，对生成内容做部分展示）

这篇文献提出了一种基于粒计算理论的邻域粒K均值聚类方法，旨在解决传统K均值聚类算法在处理非凸、稀疏及模糊的非线性可分数数据时效果不佳的问题。主要研究内容包括：

1. 邻域粒化技术：通过单特征和多特征的邻域粒化，构建邻域粒子和邻域粒向量，利用邻域参数 δ 定义样本间的邻域关系，形成结构化的粒化表示。

2. 提出了两种邻域粒距离度量——相对距离和绝对距离，并对其进行了公理化证明，确保其满足非负性、对称性和三角不等式等距离度量性质。

略

5.1.4 润色论文内容

教师可以利用 DeepSeek 对论文初稿进行智能润色，从而有效提升语言表达的准确性与流畅性。DeepSeek 还能够快速识别语法错误、优化句式结构，并提供恰当的词汇替换建议，使论文语言更加规范、严谨，更符合学术写作标准。

步骤01 进入DeepSeek 首页，单击“附件”按钮，上传论文初稿，然后在消息输入框中输入相应的校对提示词，例如：“请校对该文档，校对内容包括语法、错别字、格式和标点”。系统将根据该提示对文稿进行全面检查与优化，如图5.1-2所示。

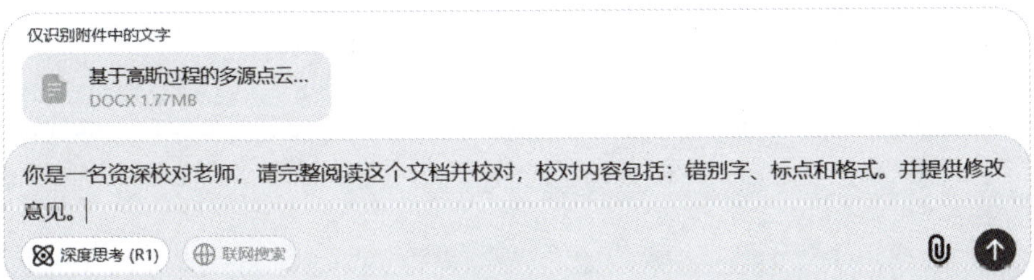

图5.1-2

步骤02 然后，DeepSeek对上传的论文初稿进行全面分析，并生成针对性的修改建议。

DeepSeek（因篇幅有限，对生成内容做部分展示）

总体评价：这篇论文整体结构完整，内容专业性强，表述较为清晰。但在语言表达、标点符号使用和格式规范方面存在一些需要改进的地方。以下是具体的校对意见和建议。

具体校对意见：

1. 标题和摘要部分

Multi-sensor measurement technology is considered to be a very effective solution in surface metrology：建议将 “very” "" 改为 “highly”，更符合学术写作风格。

Aiming at the problem of modeling and fusion of multi-scale complex data sets：建议将“at”改“to address”，更准确。

2. 引言部分

表面几何尺寸测量是精密工程领域最有影响力的学科之一：建议改为“表面几何尺寸测量是精密工程领域中最重要的研究方向之一”。（最有影响力的学科表述不够准确）

然而，对这些先进表面的几何复杂性需要完整的三维表征：建议改为“然而，这些先进表面的几何复杂性需要完整的三维表征”（删除“对”字更通顺）

略

步骤03 还可以在对话框中粘贴需要润色的文本内容，并输入相应的提示词（如“请润色以下学术段落，使其语言更规范、表达更清晰”等），然后单击发送按钮。DeepSeek对文本进行智能润色后，不仅提供优化后的文字版本，还会详细列出具体的修改建议与改进点。

提示词

请帮我润色这段话，让文字更加学术化：

本文提出了一种基于高斯过程模型的多源点云数据融合框架，首先，提出一种自适应距离的鲁棒点云配准方法统一不同测量数据集的坐标系；其次，通过引入平差理论，对来自不同传感器的多个独立数据之间的残差进行近似，构建基于Matern核函数的高斯过程模型；最后，通过仿真模拟和实际应用，与现有方法进行一系列对比试验，验证了该方法的有效性。

DeepSeek（因篇幅有限，对生成内容做部分展示）

本研究提出了一种基于高斯过程理论的多源点云数据融合创新性框架。该框架主要包含三个关键环节：首先，设计了一种基于自适应距离度量的鲁棒点云配准算法，通过建立统一的坐标参考系实现多源测量数据的空间对齐；其次，基于平差理论构建了多传感器数据残差模型，并采用Matern核函数建立了具有空间相关性的高斯过程回归模型；最后，通过系统的仿真实验和实际应用案例研究，与现有主流方法进行了多维度对比分析，实验结果表明，所提方法在配准精度、融合效果和计算效率等方面均展现出显著优势。理论分析和实证研究共同验证了本方法的有效性和先进性。

主要改进点：

1. 增加了“创新性”等体现研究价值的表述
2. 使用“关键环节”替代简单列举
3. 加入“空间相关性”等专业术语
4. 详细说明了对比实验的维度
5. 突出了方法的优势方面

略

5.2 教学反思分析

教学反思是教师对教学实践的系统回顾与深入分析，旨在全面评估教学效果，剖析教学方法的适用性，识别问题与不足，并探索改进策略。通过持续反思，教师能提升教学设计科学性与课堂教学有效性，促进专业成长与教育理念更新，推动教学质量不断提升。

5.2.1 教学方法反思

当学生在某个学习内容上遇到困难时，教师应深入反思当前所采用的教学方法是否科学有效，是否存在教学设计上的盲区或实施过程中的不足。可以借助 DeepSeek 探索多样化的教学策略与辅助手段，实现教学难点的有效突破与教学质量的提升。

步骤01 进入DeepSeek 首页，在对话框中输入相应的提示词，教师可根据教学需求设计提示词。DeepSeek根据教师的教学需求，提供了一系列具有针对性和可操作性的教学策略。

提示词

我是一名初中语文老师，让学生概括文章大意，但是概括不准确，请告诉我应该如何有效引导学生做出准确概括，提升该方面的能力。

DeepSeek（因篇幅有限，对生成内容做部分展示）

1. 教授概括技巧

– 关键信息识别：教授学生如何识别文章中的关键信息，如主题句、关键词和主要观点。

– 结构分析：引导学生分析文章的结构，如总分结构、时间顺序、因果关系等，以更好地理解文章的组织方式。

2. 分解任务

– 分段概括：将文章分成几个部分，让学生先分别概括每部分的大意，然后再整合成一个完整的概括。

– 关键词提取：让学生从每段中提取关键词或短语，然后尝试用这些关键词构建段落或文章的大意。

略

步骤02 围绕具体问题进一步向DeepSeek提问，以获取更具针对性的解答与建议。

提示词

如何提高学生的阅读兴趣。

DeepSeek（因篇幅有限，对生成内容做部分展示）

1. 选择有趣的阅读材料

– 个性化阅读：根据学生的兴趣和阅读水平选择书籍和文章，让学生感到阅读与他们的生活和兴趣相关。

– 多样性：提供不同类型的阅读材料，如小说、非小说、诗歌、漫画和杂志，以满足不同学生的口味。

2. 创造阅读环境

– 安静舒适的空间：在教室或图书馆创造一个安静舒适的阅读环境，让学生能够集中注意力阅读。

– 阅读角落：在教室设立一个阅读角落，配备各种书籍和舒适的座椅，鼓励学生在空闲时间阅读。

略

5.2.2 课堂管理反思

课堂纪律管理是保障教学活动有序开展的核心环节，良好的课堂秩序不仅能提升教学效率，还能营造积极的学习氛围，促进学生专注投入学习。有效的纪律管理策略有助于建立和谐的师生关系，为教学质量的稳步提升奠定坚实基础。

步骤01 进入DeepSeek 首页，在对话框中输入提示词，如“提升教学管理效率”或“优化课堂纪律策略”等。DeepSeek根据教师输入的提示词，生成具有针对性和实用性的建议内容。

提示词

我刚成为一名初一班主任，由于缺少当班主任的经验，课堂纪律较差，请告诉我该如何管理课堂纪律，同时不能让学生感到有压力。

DeepSeek（因篇幅有限，对生成内容做部分展示）

1. 建立正面的师生关系

– 尊重和理解：尊重学生，理解他们的需求和感受，这有助于建立信任和尊重的师生关系。

– 积极互动：在课堂上积极与学生互动，让他们感受到被关注和重视。

2. 明确规则和期望

– 共同制定规则：与学生一起制定课堂规则，让他们参与到规则制定的过程中，增加他们的归属感和责任感。

– 明确期望：清晰地向学生说明课堂行为的期望，并解释这些规则的重要性。

3. 使用积极的纪律策略

– 正向强化：强调正向强化，如表扬遵守纪律的学生，使用奖励系统来鼓励良好行为。

– 非惩罚性后果：对于违反规则的行为，采用非惩罚性的后果，如让学生参与解决问题或进行反思。

略

步骤02 教师可围绕当前问题进一步向DeepSeek提出具体、细化的提问，以获取更具针对性和实用性的解决方案。

提示词

有哪些适用的奖励政策。

DeepSeek（因篇幅有限，对生成内容做部分展示）

1. 积分奖励

– 积分累计：学生或员工通过完成任务或表现良好来获得积分。

– 兑换奖励：积分可以累积并兑换为小奖品、特权或额外的休息时间。

2. 排行榜

- 表现排名：根据学生或员工的表现在班级或公司内部设立排行榜。
- 竞赛激励：鼓励学生或员工之间的健康竞争，排行榜前列的可以获得额外奖励。

3. 徽章

- 技能徽章：为掌握特定技能或完成特定任务的学生或员工颁发徽章。
- 成就展示：徽章可以展示个人成就和专业成长。

略

5.3 教师能力矩阵评估与成长规划

教师能力矩阵评估与成长规划是系统化专业发展方法，全面评估教师在教学技能、学科知识、教育技术、学生管理和科研能力等方面的水平，制定科学成长路径。教师可清晰识别优势与不足，明确方向，持续提升专业素养，实现从新手到专家教师的转型。

5.3.1 能力评估

教师能力矩阵评估旨在全面评估和持续提升教师的专业技能与教学能力。通过能力评估，不仅有助于教师清晰认识自身发展的现状与不足，还能为其制定个性化成长路径提供有力支持，从而推动教师队伍整体素质的不断提升。

步骤01 进入DeepSeek首页，在消息输入框中输入相应的提示词，引导系统生成结构化问卷内容，可根据教学技能、学科知识、学生发展等维度设计评估问卷。DeepSeek根据教师需求智能生成结构化问卷，既能全面评估教师专业能力，又能为后续的成长规划提供数据支持。

提示词

我是一名初中语文老师，想对自己的能力进行评估，进一步了解自己，请分别从教学技能、学科知识、学生发展、沟通能力等方面设计一套调查问卷。

DeepSeek（因篇幅有限，对生成内容做部分展示）

初中语文教师能力自我评估问卷，采用 Likert 5 级量表（1= 完全不符合，5= 完全符合）：

一、教学技能

1. 我能根据课标要求清晰设计每节课的教学目标

□ 1 □ 2 □ 3 □ 4 □ 5

2. 我熟练掌握多媒体 / 智慧课堂工具辅助语文教学

□ 1 □ 2 □ 3 □ 4 □ 5

3. 我的课堂能灵活运用情境教学、项目式学习等创新方法

□ 1 □ 2 □ 3 □ 4 □ 5

二、学科知识

1. 我对统编版教材的编写逻辑和单元主题有深刻理解

□ 1 □ 2 □ 3 □ 4 □ 5

2. 我能准确解读古诗文中的文言语法与文化背景

□ 1 □ 2 □ 3 □ 4 □ 5

3. 我持续关注语文教学前沿动态（如整本书阅读、任务群教学）

□ 1 □ 2 □ 3 □ 4 □ 5

略

步骤02 单击“附件”按钮，上传已完成的问卷，并在对话框中输入提示词，如图5.3-1所示。DeepSeek将根据上传的问卷数据智能生成一份个性化的评估报告。

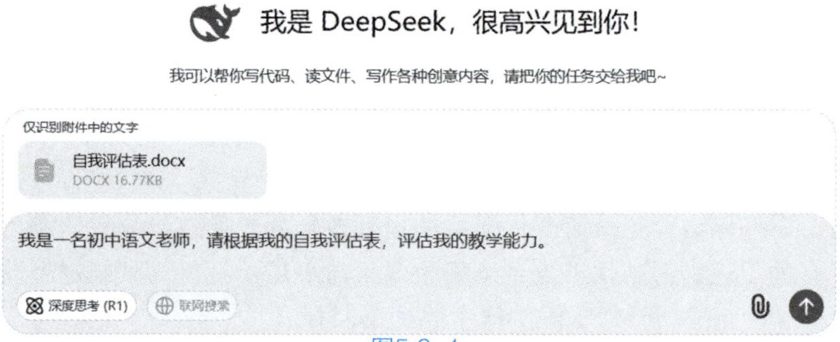

图5.3-1

DeepSeek（因篇幅有限，对生成内容做部分展示）

一、优势分析

1. 教学技能扎实

- 您在教学目标设计（4 分）、多媒体工具运用（4 分）和创新教学方法（如情境教学、项目式学习，4 分）上表现突出，显示您具备良好的课堂设计和现代化教学能力。

- 亮点：能灵活结合多种教学方法，符合新课标对语文课堂多样化的要求。

2. 学科知识深厚

- 对统编版教材的理解达到最高水平（5 分），说明您对教材的编写逻辑和单元主题把握精准，有利于系统化教学。

- 注意点：古诗文解读（3 分）和前沿动态关注（3 分）仍有提升空间，可加强文言语法专项学习或参与相关教研培训。

3. 关注学生发展

略

5.3.2 成长规划

教师能力成长规划是一项系统性工程，旨在帮助教师清晰定位职业发展方向，有步骤地提升教学能力与专业素养。通过科学的评估与目标设定，教师能够不断优化自身知识结构与教学实践能力，实现持续进步与专业进阶，从而更好地适应教育发展的新要求。

步骤01 在DeepSeek的消息输入框中，输入相应的提示词，引导AI根据当前的教师能力评估结果，智能推荐个性化的职业成长规划。问题描述或提示词设定如“基于能力评估制定三年成长计划”。

提示词

请根据我当前的教学能力，针对我的薄弱环节，帮我制定成长计划。

DeepSeek（因篇幅有限，对生成内容做部分展示）

根据您的自我评估表，您的教学能力整体较强，但在古诗文教学、前沿动态关注、学习策略指导和教研组参与方面仍有提升空间。以下是针对这些薄弱环节制定的三年成长规划，分阶段、可操作性强，便于落实。

一、成长目标

1. 短期目标（1 年内）

- 提升古诗文解读能力，掌握更系统的文言语法教学方法。
- 初步学习语文教学前沿理论（如“任务群教学”“整本书阅读”）。
- 优化课堂学习策略指导（如批注法、思维导图）。

2. 中期目标（2 年内）

- 形成个人古诗文教学特色，能设计生动高效的文言文课堂。
- 尝试实践 1 ~ 2 种前沿教学方法（如大单元教学、跨学科任务群）。
- 在教研组内主动分享经验，争取主持一次校级课题。

略

步骤02 还可以围绕某一具体领域或问题向DeepSeek提出针对性提问，以获取更精准、深入的指导建议。例如，在教学设计、课堂管理、学生评价或专业发展等方面，通过细化问题内容或调整提示词表达方式。

提示词

如何提升学生的课堂参与度。

DeepSeek（因篇幅有限，对生成内容做部分展示）

1. 创造积极的课堂氛围

- 鼓励参与：鼓励学生提问和分享观点，无论答案正确与否。
- 尊重学生：尊重每个学生的意见，建立一个包容和支持的学习环境。

2. 明确学习目标和期望

- 清晰目标：在课程开始时明确学习目标，让学生知道他们将要学到什么。
- 相关性：展示学习内容与学生生活和未来目标的相关性。

略

5.4 推荐职业发展课程

借助 DeepSeek 推荐教师职业发展课程，可大幅提升课程选择精准度与匹配度，提高获取优质资源的效率。它根据教师专业背景、教学需求和发展目标，智能推送相关课程，提供个性化学习路径。这种方式拓宽了学习渠道，增强了针对性与实效性，使教师能灵活安排学习时间，实现自主学习。

5.4.1 教师职业发展规划

清晰的职业规划是教师专业成长和持续发展的关键基础。通过科学规划，教师能够有效平衡教学实践、教育研究与个人提升，稳步实现从新手教师向专家型教师的转变。借助 DeepSeek，教师可获取个性化的发展建议、技能提升方案及行业趋势分析，使职业规划更加系统、精准且富有前瞻性，从而全面提升职业生涯的质量与效率。

步骤01 进入DeepSeek 首页，在对话框中输入提示词，教师可根据自身需求设计合适的提示词，例如“制定教师职业发展计划”。DeepSeek根据教师的职业发展目标和当前能力水平，提供了系统化、阶段性的职业发展规划建议。

提示词

我是一名新入职的大学讲师，请为我做一个 3 年职业发展规划。

DeepSeek（因篇幅有限，对生成内容做部分展示）

第一年：夯实基础期（适应 + 定位）

教学方面：1. 完成新教师教学培训，掌握基础教学法；2. 重点打磨 1 ~ 2 门核心课程，每学期进行 3 次课堂录像复盘；3. 建立学生反馈机制（中期问卷 + 期末座谈）；4. 尝试混合式教学（如使用 Moodle 平台布置 20% 线上任务）。

科研方面：1. 明确研究方向，完成文献综述；2. 将博士论文拆解为 2 ~ 3 篇期刊论文投稿（优先 SSCI/SCI 三区）；3. 参加 2 次学术会议（1 次国内 +1 次国际）；4. 申请校级青年科研基金（准备预实验数据）。

服务与成长：1. 加入 1 个专业学会（如中国高等教育学会）；2. 担任本科导师 / 学生竞赛指导（积累指导经验）；3. 完成高校教师资格证认证；4. 建立学术社交网络（建议使用 ResearchGate）。

第二年：快速发展期（突破 + 积累）

教学方面：1. 申报校级教改项目（聚焦课程思政或智慧教学）；2. 开发 1 门新课程（可考虑微专业 / 跨学科课程）；3. 尝试翻转课堂实践（选择 1 ~ 2 个章节试点）；4. 争取教学评价进入学院前 30%。

略

步骤02 可以进一步向DeepSeek咨询更为详细和个性化的职业发展规划。在消息输入框中输入具体提示词，如“制定五年职业晋升计划”。DeepSeek根据教师的具体需求和职业发展目标，生成个性化的职业成长规划。

提示词

我的目标是5年内晋升副教授，要求是发表Q1区论文三篇，以及申报一项国家自然科学基金，请帮我再制定一个中期（3～5年）规划。

DeepSeek（因篇幅有限，对生成内容做部分展示）

第1～2年：数据积累期（夯实基础）

1. 论文突破：

– 将博士数据拆解为3个创新点，每个点拓展为1篇Q1论文

– 每季度参加1次顶刊作者线上研讨会（如Elsevier Researcher Academy）

2. 基金培育：

– 申报省自然科学基金（必争项目，作为国自然预演）

– 每半年与3位基金评审专家交流（学会会议时主动请教）

3. 关键动作：

– 组建“1+3”团队（1名专职科研助理+3名研究生）

– 购置关键实验设备（申请校级学科建设经费）

– 完成2项专利申请（为论文增加应用价值）

第3～4年：成果爆发期（冲刺指标）

略

5.4.2 职业发展课程推荐

教师参与各类培训课程是提升教学能力与专业素养的重要方式。借助DeepSeek，教师可以获得个性化的培训课程推荐服务。系统可根据教师所教授的学科背景、当前的教学需求以及未来的发展目标，精准匹配适合的学习资源，提供量身定制的课程建议。

步骤01 进入DeepSeek首页，在对话框中输入提示词，提示词应根据自身需求输入，例如“推荐适合我的教师专业发展课程”。DeepSeek根据教师的专业背景、教学需求以及发展目标，智能匹配并推荐与其相适应的培训课程。

提示词

我是一名初中历史老师，现在需要加强AI工具的使用培训，请帮我推荐一些线上的培训课程。

DeepSeek（因篇幅有限，对生成内容做部分展示）

1. 学科网AI研修课程

– 课程名称：《人工智能对初中历史教学的变革及前景展望》

- 内容：涵盖AI如何推动个性化学习、改变课堂教学模式、优化课后学习方式及评价体系等，适合希望掌握多媒体教学技术的教师。

- 特点：包括AI在历史教学中的应用案例。

- 获取方式：学科网APP或官网购买（¥13.9）。

2. AI-school云平台教学实践课程

略

步骤02 还可以进一步向DeepSeek细化提示词，以更精准地表达自身的学习需求。

提示词

我需要更偏向实际操作的课程，并且是一些免费资源，请帮我继续推荐，并提供链接。

DeepSeek（因篇幅有限，对生成内容做部分展示）

1. ClassPoint AI（互动课件生成）

- 适用场景：快速生成历史课堂互动问答、小测验

- 学习内容：如何用AI一键生成选择题/填空题（如“商鞅变法的内容有哪些？”）；将生成的题目嵌入PPT课件。

略

步骤03 当教师在选择培训方向或内容方面存在困惑时，也可以借助DeepSeek进行咨询。只需输入相关问题，即可获取针对个人发展需求的专业建议。

提示词

我是一名初中语文老师，即将成为一名班主任，不知道要培训哪方面的知识，请提供建议。

DeepSeek（因篇幅有限，对生成内容做部分展示）

一、班级管理核心技能

1. 制度构建：学习制定分层级班规（课堂纪律/卫生值日/奖惩制度）；掌握岗位责任制（班干部轮换制、小组分工管理）；设计班级成长档案（量化评分+过程性评价）

2. 日常管理工具：班会课设计模板（主题班会/问题解决型班会）；班级日志数字化管理（推荐使用班级优化大师、钉钉等）；突发事件处理流程（冲突调解/安全事故上报路径）

略

5.5 管理工作进度

教师制定科学的工作计划对于提升教学效率和保障教学质量具有重要意义。合理安排时间不仅能确保各项教学任务按时完成，还能为学生创造更加有序、高效的学习环境，提升整体教学体验。DeepSeek 通过任务自动分配及进度跟踪等功能，协助教师优化教学管理流程，减少事务性负担，使教师能够更专注于教学设计与学生互动，从而有效提升教学质量和工作效率。

5.5.1 工作进度表

使用 DeepSeek 辅助制作工作进度表，教师可以节省大量手动规划和调整的时间，同时获得更科学、更合理的工作安排。DeepSeek 的智能分析和建议还可以帮助教师提高工作效率和质量，实现更好的时间管理和资源优化。

步骤01 打开并进入DeepSeek首页，在对话框中根据需求输入相关提示词，提示词可以围绕当前工作进度展开，例如“本周已完成的教学任务”或“下周计划完成的教研工作”。DeepSeek根据教师输入的提示词信息，智能生成结构清晰、条理分明的工作进度表，如图5.5-1所示。

提示词

请根据我提供的工作任务，帮我以表格形式拟定一个工作进度表，并做出优先级排序。

1. 教学任务：已完成第一章教学，下周总结第一章内容，目前进度是完成教学总教案，还需要进一步完善测验题。

2. 科研任务：已完成与论文相关的文献收集，下周需要进行文献分析与总结。

3. 实验任务：月底的实验课已将材料准备完成，还需要完善讲稿。

优先级	任务类别	当前进度	下周计划	待完成事I
1	教学任务	已完成第一章教学和总结教案初稿	1. 完善第一章教学总结教案 2. 设计第一章测验题	1. 测验题
2	科研任务	已完成论文相关文献收集	1. 文献分析与归纳 2. 撰写文献综述框架	1. 提炼关
3	实验任务	实验材料已备齐	1. 完善实验课讲稿 2. 预演实验流程	1. 讲稿需

图5.5-1

DeepSeek（因篇幅有限，对生成内容做部分展示）

优先级说明：

1. 教学任务优先级最高，因涉及学生进度，需确保教案和测验题及时完成。

2. 科研任务次之，文献分析是论文基础，建议持续推进避免堆积。

3. 实验任务截止时间较灵活（月底），但需预留时间预演和调整。

建议时间分配：

1. 教学任务：每天 1 小时（完善教案和测验题）。

略

步骤02 当面临繁重的工作任务而感到无从下手时，还可以继续向DeepSeek提出具体问题，寻求专业的工作处理建议。

提示词

将要进行的工作太多，不知道如何下手，请提供一些具体的处理建议。

DeepSeek（因篇幅有限，对生成内容做部分展示）

1. 教学任务（优先级最高）：确保下周第一章教学闭环（总结 + 测验）。

教案完善（1 小时）：

– 今天先花 30 分钟检查现有教案，标出需补充的部分（如学生易错点、案例更新）。

– 明天用 30 分钟集中补充内容，避免反复修改。

测验题设计（2 小时）：

– 按知识点分类（如概念题 30%、应用题 50%、拓展题 20%）。

– 直接套用过往题库模板（若适用），节省时间。

略

5.5.2 时间安排表

借助 DeepSeek 辅助制定时间安排表，教师能够高效规划每日任务，减少手动调整所耗费的时间，同时获得更加科学、合理的日程安排。DeepSeek 还可根据任务优先级与时间分配建议，帮助教师优化工作流程，提升时间管理效率，从而实现更有序、高效的教学与管理工作。

步骤01 在对话框中输入相关的提示词并发送，即可借助DeepSeek协助进行工作任务中的时间管理。例如，可以输入“制定教学任务或科研工作的时间安排”等提示内容。DeepSeek根据教师输入的需求，智能生成科学合理的时间计划表，如图5.5-2所示。

提示词

下周我要完成几个任务，请以表格的形式帮我生成一个时间安排表。

1. 周一下午两点参加教学会议，预计两小时，晚上带晚自习。

2. 周二上午外出开会，预计半天，下午需要总结学习内容并汇报。

3. 周三撰写教案及制作教学 PPT。为周四上午的课程做准备。

4. 周五下午 3 点召开家长会。

日期	时间	任务内容	预计时长	备注
周一	14:00-16:00	参加教学会议	2小时	
	晚上	带晚自习	根据实际	需确认具体时间
周二	上午	外出开会	半天	建议8:30-12:00
	下午	总结学习内容并汇报	半天	建议14:00-17:00
周三	全天	撰写教案及制作教学PPT	1天	为周四上午的课准备
周四	上午	正常上课	根据课表	教案PPT周三需完成
周五	15:00	召开家长会	根据实际	建议预留2小时

图5.5-2

步骤02 在对话框中输入优化类提示词，对初步生成的时间安排表进行精细化调整，例如，可输入具体的优化项目与时间。DeepSeek在分析教师的具体需求后，提供了优化后的时间安排表及相关建议，如图5.5-3所示。

提示词

周五下午的家长会需要提前准备发言内容和布置教室，这需要在周四完成，请重新制定时间安排表。

日期	时间	任务内容	预计时长	备注
周一	14:00-16:00	参加教学会议	2小时	
	晚上	带晚自习	根据实际	需确认具体时间
周二	上午	外出开会	半天	建议8:30-12:00
	下午	总结学习内容并汇报	半天	建议14:00-17:00
周三	全天	撰写教案及制作教学PPT	1天	为周四上午的课准备
周四	上午	正常上课	根据课表	使用周三准备的教案PPT
	下午	**准备家长会发言内容**	1-2小时	可安排在课后
	放学后	**布置教室**	0.5-1小时	整理桌椅、准备资料等
周五	15:00	召开家长会	约2小时	预留时间接待家长

图5.5-3

DeepSeek（因篇幅有限，对生成内容做部分展示）

优化建议：

1. 周四时间安排：如果上午课程较满，家长会准备可拆分（如：周四中午写发言稿，放学后布置教室）；可提前列出发言提纲，节省时间。

2. 周三任务：若教案和 PPT 任务较重，可周二晚上提前开始部分内容。

3. 家长会材料：是否需要打印资料？可周三一并准备，避免周四匆忙。

略

5.6 调节教师心理

学会自我心理调节对教师有重要意义。教师若能保持良好的心理状态，不仅能有效提升教学效果，还能为学生树立积极榜样，营造和谐、健康的课堂氛围。通过DeepSeek，教师可以获得个性化的情绪支持服务，如情绪分析、冥想指导和压力管理建议，及时识别并缓解负面情绪，增强心理韧性。这种智能化的心理调节方式，有助于教师在繁重的工作中保持良好的心态，从而更好地引导学生成长，提升整体教育教学质量。

5.6.1 智能心理咨询

DeepSeek 可以帮助教师进行智能心理咨询，提供及时、个性化的情绪支持和心理健康建议。同时，DeepSeek 还可以为学校和教育机构提供群体心理健康分析和管理的有力工具，提升教师的心理健康水平。

步骤01 打开并进入DeepSeek首页，在消息输入框中根据自身心理状态输入相关提示词。提示词可以具体描述当前所面临的困扰，例如“面对压力，难以自我调节”。DeepSeek通过对教师输入的需求进行分析，精准识别其当前面临的心理状态与实际困扰，并基于心理学理论和教育实践经验，提供科学、个性化的建议。

提示词

我是一名初中语文老师，同时也是班主任，由于是第一次当班主任，无法平衡班级事务与教学，最近心情低落，什么事情也不想干。

DeepSeek（因篇幅有限，对生成内容做部分展示）

一、优先级的重新梳理

1. 紧急—重要四象限法：用一张纸画出四个象限，将当前所有待办事项分类（如家长沟通、备课、班会设计、作业批改等）。优先处理既紧急又重要的事务（如第二天的课），对于重要但不紧急的（如班级文化建设）可以制定长期计划。

2. 教学简化技巧：尝试“集体批改”，每周选一次作文，用投影展示典型样例，引导学生共同批改；建立“语文小助手”制度，选拔负责任的学生帮助检查基础作业（如古诗默写）

二、班级管理增效策略

1. 分权管理：将班级事务细分为 30 项小任务（如电灯管理员、晨读领员、植物养护员等），让每个学生都有参与感；每周固定 15 分钟召开班干部例会，培养他们的自主管理能力

略

步骤02 教师可通过输入相关提示词，引导DeepSeek推荐一系列实用的教学辅助工具，从而有效支持日常教学任务的开展，减轻工作负担。

提示词

请推荐一些实用的教学辅助工具，既能减轻教师工作负担，还能提升学生的学习兴趣，提高教学质量与效率。

DeepSeek（因篇幅有限，对生成内容做部分展示）

一、智能备课与作业批改工具

1. 学科网 / 菁优网：海量优质课件、试卷资源（按教材版本分类）；支持一键生成组卷，自动排版，节省出题时间；直接下载现成课件，修改后即可使用。

2. 蜜蜂作业小程序：拍照批量批改客观题（选择题、古诗默写填空等）；自动统计错题率，生成学情报告；学生兴趣点：作业完成后可生成“错题漫画”，激发订正动力。

3. 作文智批（阿里语文 AI）：AI 批改作文，识别语言表达、逻辑结构问题；提供针对性修改建议（尤其适合大班额快速初筛）。

二、课堂互动与趣味教学工具

略

5.6.2 推荐调节方法

DeepSeek 可以为教师推荐心理调节方法，如冥想指导、情绪疏导或压力缓解技巧，帮助教师有效应对职业压力，保持良好的心理状态，从而提升工作效能与职业幸福感。

步骤01 在对话框中输入提示词，让DeepSeek推荐一些心理调节方法。在对话框中输入相关提示词，让DeepSeek推荐心理调节方法。

提示词

请帮我推荐一些可以改善心理问题的调节方法。

DeepSeek（因篇幅有限，对生成内容做部分展示）

1. 听音乐：舒缓、优美的音乐可以改善人的情绪，让心情平复。音乐疗法也被心理医生用于治疗病人。

2. 找朋友倾诉：倾诉是一种宣泄和释放，寻找共鸣。与要好的朋友分享不顺心的事情，可以获得理解和支持，从而感到舒畅。

3. 做自己喜欢的事情：找一个爱好，如打游戏、看电影、吃美食等，将负面情绪转移，让自己暂时不去想不好的事情。

4. 做一些可以流汗的事情：如跳舞、跑步、做瑜伽等，让身体活跃起来，不好的思绪也会随着汗水挥发。

5. 唱歌：唱歌是结合音乐和倾诉的方式，可以大声唱出不好的情绪，有助于调节负面情绪。

略

步骤02 在了解基础的心理调节方法后，教师还可以针对某一项具体策略向DeepSeek进行深入咨询。例如，若对冥想练习感兴趣，可输入“如何进行有效的正念冥想”或“冥想初学者的常见误区有哪些”等问题，引导DeepSeek提供更详尽的操作步骤、注意事项及实用建议。

提示词

如何进行有效的冥想。

DeepSeek（因篇幅有限，对生成内容做部分展示）

1. 选择安静的环境：找到一个安静的地方，尽量减少外界干扰，如果可能，使用耳塞或者白噪声来隔绝外界声音。

2. 选择舒适的姿势：可以是坐、躺、走或其他姿势，关键是要舒适且能够保持一段时间，保持背部挺直可以帮助保持清醒和专注。

3. 设定注意力焦点：选择一个特定的对象来集中注意力，比如呼吸、一个词或短语（如“阿弥陀佛”）、一个物体或者身体的感觉，将注意力集中在呼吸上是最常见的冥想焦点。

4. 呼吸调节：通过缓慢而深长的呼吸来放松身心，可以数呼吸次数或专注于呼吸的感觉，帮助集中注意力。

5. 保持开放的态度：当杂念出现时，不要评判自己，而是让它们自然来去，然后将注意力轻柔地引导回焦点上。

略

第6章 教师专属智能体搭建

在人工智能技术快速发展的背景下，教育领域正处于信息化迈向智能化的关键时期，教师角色也从“主导者”向AI赋能的“设计者”“编排者”和“组织者”转变。智能体（AI Agent）的兴起是这场转型的关键，它正成为重塑教育生态、提升教学生产力的核心工具。

智能体是具有自主感知、决策制定和行动执行能力的系统，具备自主性、交互性、反应性和适应性，能在复杂环境中独立完成任务。它标志着AI从简单规则自动化向高级智能演进，通过环境感知和持续学习解决问题，区别于传统依赖预设指令的自动化程序。

其核心能力可被概括为一个公式：智能体（Agent）=大语言模型（LLM）+上下文记忆能力+任务计划能力+工具使用能力+执行能力。智能体不再是技术人员的专属工具，而是每一位教师手中的“新式工具箱”。教师不应只是AI时代的被动使用者，而应成为教育智能体系统的“设计师”与“主人翁”。通过“任务代理+语境控制+知识嵌入”的系统搭建路径，每一位教师都能打造出属于自己的“数字分身”，有效释放教学时间、提升教育品质，并在未来教育的重构浪潮中掌握主动权。

6.1 智能体搭建基础知识

智能体的核心运作逻辑包含三大要素：高质量知识库与提示词、依托大语言模型实现自然语言理解与任务拆解、通过结构化工作流完成流程执行与反馈闭环。相比传统AI工具，智能体更注重上下文记忆、多轮对话与多角色协同。

其架构由大模型、上下文记忆、任务规划、工具调用与执行能力五个模块组成，构成可持续交互、动态优化的“代理人”系统。搭建过程包括明确目标、整理知识、构建提示词与任务链、优化测试与部署。平台生态如腾讯元器、字节Coze、智谱清流等支持低/零代码搭建，教育场景中智能体还可通过插件实现高阶功能，拓展在教案生成、评语撰写、PPT制作等任务中的实用价值。

6.1.1 智能体技术术语解析

在构建和应用 AI 智能体的过程中，了解以下核心术语对于教师有效使用相关工具尤为关键。

1. 纯智能体（AI Agent）

AI 智能体指的是一种集成了大语言模型（LLM）、记忆模块、任务规划能力以及工具调用能力的复合系统。它不仅能理解和回应用户输入，还具备执行任务、优化流程的能力。

2. 提示词设计（Prompt Engineering）

提示词设计是指用户为了引导模型产生预期响应而精心编写输入语句的过程。合理的提示语可以显著提升输出质量，尤其在教学任务中如评语生成、文本改写等场景中发挥关键作用。

3. 大型语言模型（LLM,Large Language Models）

LLM 是通过对海量语料进行预训练得到的自然语言理解与生成模型，能胜任诸如写作、翻译、归纳总结等语言相关任务，是智能体的核心“引擎”。

4. 函数调用（Function Call）

函数调用是智能体完成复杂任务时常用的一项能力。它允许模型在对话过程中调动外部资源，例如从数据库提取数据、运行计算模块或访问在线 API 获取信息。

5. 检索增强生成（RAG,Retrieval-Augmented Generation）

RAG 结合了“检索”和“生成”两种机制。当模型需要作答但信息不充分时，会先从知识库中检索相关资料，再基于这些内容生成更准确、上下文丰富的回答，常用于教研场景中的知识问答或资料汇编。

6. 微调（Fine-tuning）

微调是指在现有大模型的基础上，进一步使用专业数据进行再训练，使模型在特定学科、领域或语境中表现更佳。比如，用中小学教育数据微调后的模型更擅长理解教学任务与课程术语。

7. 自然语言处理（NLP,Natural Language Processing）

NLP 是一门融合计算机科学与语言学的交叉学科，涵盖文本理解、语言生成、情感分析等技术。它是智能体理解教师输入和生成输出内容的基础能力。

6.1.2 智能体工作术语解析

在智能体的运行与部署过程中，除了基础的 AI 概念，还涉及一系列与系统运作和任务执行紧密相关的操作术语。以下是教育场景中常见的关键术语解释。

1. 任务流程（Workflow）

任务流程是智能体完成某项工作时所执行的步骤集合。这些步骤可以是全自动执行的，也可以在特定环节设置人工确认或决策点，用于处理复杂或多变的教学任务。

2. 知识库（Knowledge Base）

知识库是为智能体提供信息支撑的核心模块，包含结构化数据（如表格、数据库）和非结构化内容（如教学文档、常见问答）。它是智能体“获取知识”的来源，帮助其做出更精准的判断。

3. 决策模块（Decision Engine）

智能体的“决策大脑”，负责分析输入数据并基于规则或算法生成响应。该模块可内嵌逻辑规则或调用机器学习模型，用于应对如作业分级、个性化推荐等复杂教育场景。

4. 触发机制（Trigger）

触发机制定义何时启动某个任务或操作。它既可以是条件触发（如学生成绩更新），也可以是时间触发（如每周自动生成教学简报），用于确保任务按需执行。

5.API 接口（Application Programming Interface）

API 接口是智能体与外部系统连接的桥梁。通过调用第三方服务（如日程安排系统、在线题库或查重平台），智能体可以扩展能力，完成数据获取、任务协作等操作。

6. 任务列表（Task Queue）

任务列表是智能体等待处理任务的“待办清单”，有助于管理多项任务的并发执行顺序。例如，多个学生同时提交作业时，系统会将任务按顺序排队处理，确保公平与高效。

7. 数据通道（Data Pipeline）

数据通道负责在智能体各模块之间传输信息，包括采集、清洗和转换等环节，确保数据在分析与生成过程中保持一致性和可用性。

8. 监控面板（Monitoring Dashboard）

监控面板为用户提供智能体运行状况的可视化界面，可查看响应时间、任务完成率、调用频次等关键指标，用于日常管理与问题排查。

9. 操作日志（Event Log）

操作日志记录智能体运行过程中的所有事件，包括用户交互、系统调用和异常情况。它是教学系统安全审计、性能优化和故障追溯的重要依据。

6.1.3 常用智能体平台简介与应用建议

当前市面上已有多个成熟的 AI 智能体开发平台，功能特点各异，适用于不同的教学或管理需求。以下是部分主流平台的简要介绍与适用建议，教师可根据自身场景灵活选择。

1.Sky Agents（天工）

由昆仑万维推出，具备可视化操作界面，允许用户通过自然语言或拖拽配置的方式快速搭建智能体，适合追求定制化、希望实现本地部署的学校或教育组织。

2.KIMI+ 智能体

聚焦自然语言理解和文本生成能力，尤其擅长文献解读、资料总结、内容创作和编程协助，适合教师在教学准备和科研写作中使用。

3. 阿里云智能体

依托强大的云计算能力，支持语音与文字交互、自动化运维与智能客服等功能，适用于数据处理需求大、追求系统稳定性的教育单位。

4. 百度文心平台

基于百度文心大模型，提供零代码和低代码智能体构建方案，支持多平台分发，适合教师快速搭建教辅工具，如教学机器人、答疑助手等。

5.Coze 平台

字节跳动出品，功能覆盖广泛，集成插件调用、长期记忆、定时任务、工作流管理等能力。支持将智能体部署在 QQ、飞书等社交平台，适合需要大规模分发的教育用户。

6. 腾讯元器平台

依托腾讯混元大模型，强调生态集成，支持插件、知识库和流程配置，适用于希望将智能体嵌入微信、QQ等社交渠道中的教学场景。

如果希望快速上线、广泛分发教学机器人，推荐使用 Coze、百度文心等平台；若有定制化开发或本地部署的需求，Sky Agents 和阿里云智能体更为合适；而对教育研究和跨学科实验感兴趣的用户，则可优先考虑腾讯元器，它们在模型能力与系统灵活性方面具备良好兼容性。

6.1.4 智能体核心功能

在智能体辅助教学与管理的实际应用中，一些关键功能构成了其发挥作用的基础。理解这些能力有助于教师更精准地选型与部署。以下是常见的六类核心功能说明。

1. 交互响应管理

智能体的基本职责之一是理解用户输入、识别意图并做出反馈。这依赖于自然语言处理技术，确保人机对话顺畅自然，是实现教育问答、作业讲解等功能的基础。

2. 任务执行自动化

通过预设流程或逻辑，智能体能够自动完成如信息整理、作业批改、通知生成等任务。这项能力显著降低了人工操作负担，提升了工作效率和规范性。

3. 决策辅助能力

当教师需要基于数据进行判断时，智能体可以通过整合成绩、行为记录等信息，提供建议、趋势预测或个性分析支持，辅助做出更科学的教学决策。

4. 系统对接与集成

许多智能体可接入学校已有系统（如教务系统、学生信息库、成绩管理工具等），实现跨平台数据流通。这使得信息更新与任务流转更加便捷高效。

5. 实时反馈与运行监控

借助后台仪表板或日志记录功能，教师与管理者可以实时掌握智能体的运行状态、任务执行情况与用户交互历史，便于及时调整或优化使用策略。

6. 持续学习与自我优化

部分高阶智能体具备学习能力，可根据用户行为、反馈内容逐步优化自身响应策略。这种“边用边学”的特性，有助于提升个性化程度和长期使用体验。

6.2 搭建教案生成智能体

教案撰写是教师基础任务，具有结构标准化、内容半模板化、素材重复等特点，适合通过智能体实现自动化、批量化与个性化生成。通过搭建“教案生成智能体”，教师可将1～2小时的备课流程压缩至几分钟生成初稿，并快速修改优化，大幅提升效率。这类智能体不仅是“文本生成器”，还能被训练成“专业助教”，理解课程目标、教学过程与学生需求。

通过嵌入课程标准、教学资料、学生认知水平等知识，智能体可精准对齐教学目标、智能提取重难点、动态适配学情，生成合理课堂流程。以下以Coze平台为例，介绍搭建教案生成智能体的流程。

6.2.1 教案生成工作流的搭建

搭建教案生成智能体首先需要搭建一个进行具体分工的工作流，工作流搭建的具体步骤如下。

步骤01 在浏览器打开扣子官网主页，单击“登录扣子”按钮完成登录，如图6.2-1所示。

图6.2-1

步骤02 完成登录后，单击左侧菜单栏“工作空间”按钮，如图6.2-2所示。

图6.2-2

步骤03 单击左侧次级菜单“资源库”按钮后，在右上角的“创建”按钮中单击“工作流”按钮，如图6.2-3所示。

图6.2-3

步骤04 按照要求填写好工作流名称以及描述后单击“确认”按钮，如图6.2-4所示。

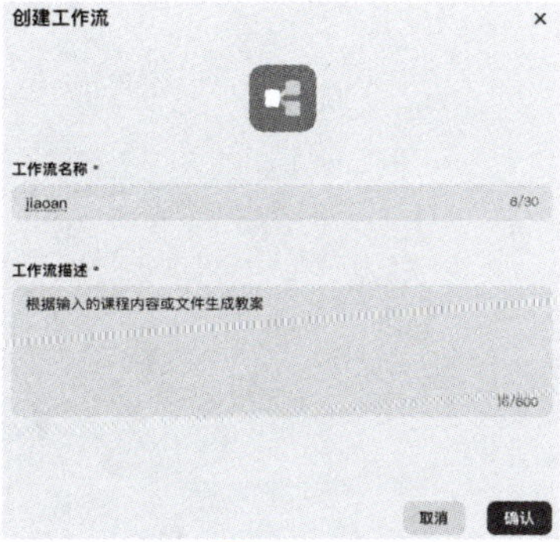

图6.2-4

步骤05 单击“开始”节点，在右侧单击加号按钮创建至两条变量。在第一个变量需要识别文字，“变量名”输入“content”，“变量类型”选择“str.String”。在第二个变量需要识别文件，“变量名”输入“file”，“变量类型”选择“Doc”，如图6.2-5所示。

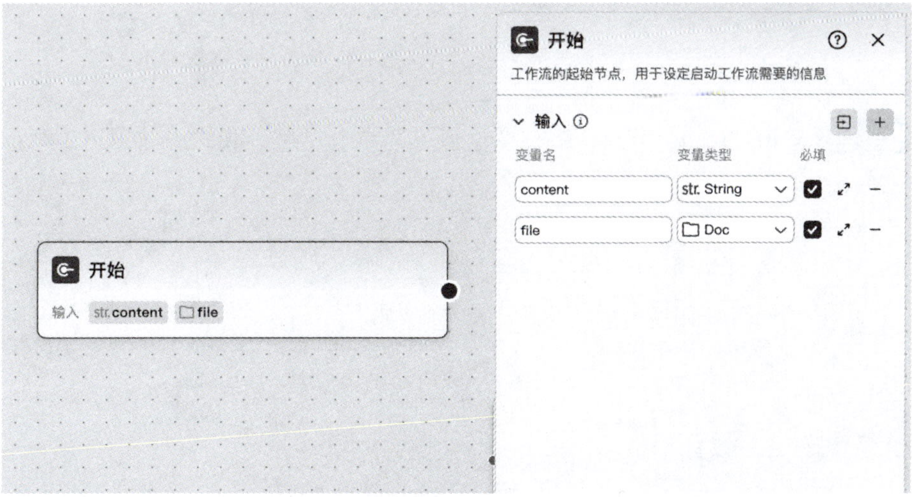

图6.2-5

步骤06 单击“开始”节点右边的加号按钮插入节点，选择“文件读取”节点，如图6.2-6所示。

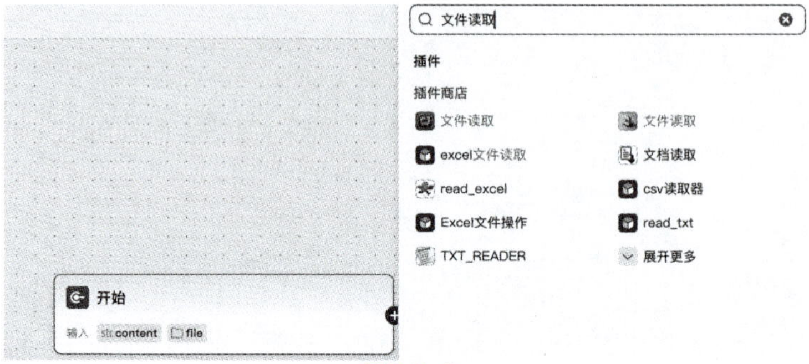

图6.2-6

步骤07 单击文件读取“read”节点右边的加号按钮插入节点，选择“大模型”节点，如图6.2-7所示。

图6.2-7

步骤08 单击“read”节点，将“变量值”选择为“开始-file”，如图6.2-8所示。

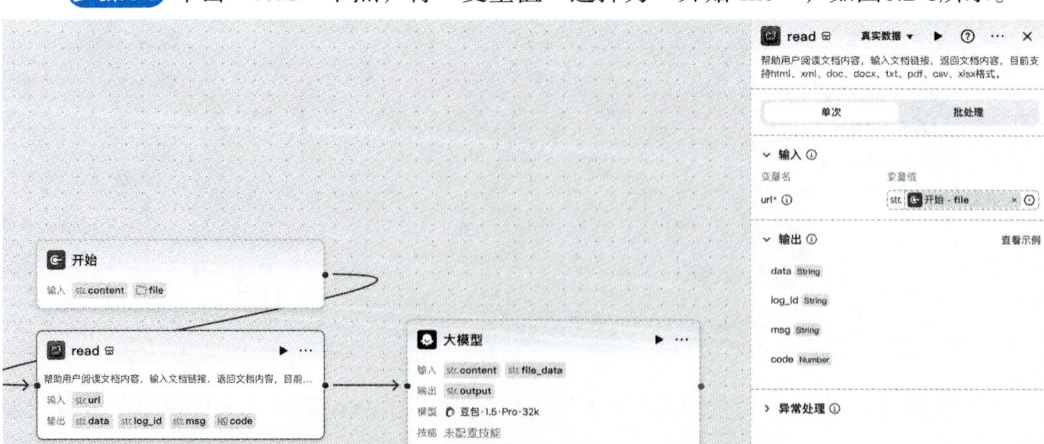

图6.2-8

步骤09 双击“大模型”节点，将其改名为“教案的基础”，在输入的第一个变量的“变量值”选择“开始-content”，在第二个变量的“变量值”选择“read-data”，在“用户提示词”中输入“{{content}}{{file_data}}”，在输出中的“变量名”中输入“jichu”，在“系统提示词”中输入提示词，如图6.2-9所示。

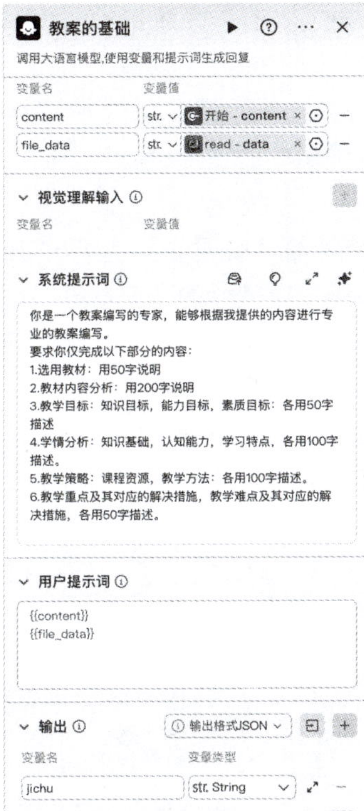

图6.2-9

步骤10 熟悉操作后，连续添加4个“大模型”节点，并按照分工顺序命名为“课前”“课中”“课后”“课堂评价”，如图6.2-10所示。

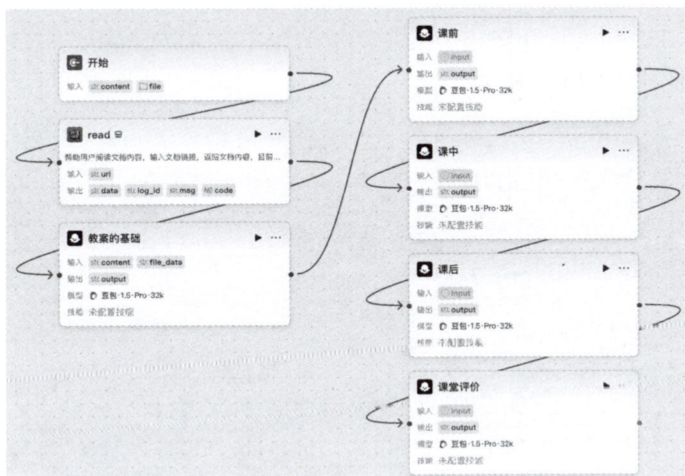

图6.2-10

步骤11 单击“课前”节点，在输入的第一个变量的“变量值”选择“开始-content”，在第二个变量的“变量值”选择“read-data”，第三个变量的“变量值”选择“教案的基础-jichu”，在“用户提示词”中输入“{{content}}{{file_data}}{{jichu}}”，在输出中的“变量名”中输入“keqian”，在“系统提示词”中输入提示词，如图6.2-11所示。

图6.2-11

步骤12 单击“课中”节点，在输入的第一个变量的“变量值”选择“开始-content”，在第二个变量的“变量值”选择“read-data”，第三个变量的“变量值”选择“教案的基础-jichu”，第四个变量的“变量值”选择“课前-keqian”。

在“用户提示词”中输入“{{content}}{{file_data}}

{{jichu}}{{keqian}}”，在输出中的“变量名”中输入“kezhong”，在“系统提示词”中输入提示词，如图6.2-12所示。

步骤13 单击“课后”节点，在输入的第一个变量的“变量值”选择“课中-kezhong”，在“用户提示词”中输入“{{kezhong}}”，在输出中的“变量名”中输入“kehou”，在“系统提示词”中输入提示词，如图6.2-13所示。

步骤14 单击“课堂评价”节点，在输入的第一个变量的“变量值”选择“开始-content”，在第二个变量的“变量值”选择“read-data”，第三个变量的“变量值”选择“教案的基础-jichu”，第四个变量的“变量值”选择“课前-keqian”，第五个变量的“变量值”选择“课中-kezhong”，第六个变量的“变量值”设为“课后-kehou”。

在“用户提示词”中输入“{{content}}{{data}}{{jichu}}{{keqian}}{{kezhong}}{{kehou}}”,在输出中的“变量名”中输入“pingjia”,在“系统提示词”中输入提示词，如图 6.2-14 所示。

图6.2-12

图6.2-13

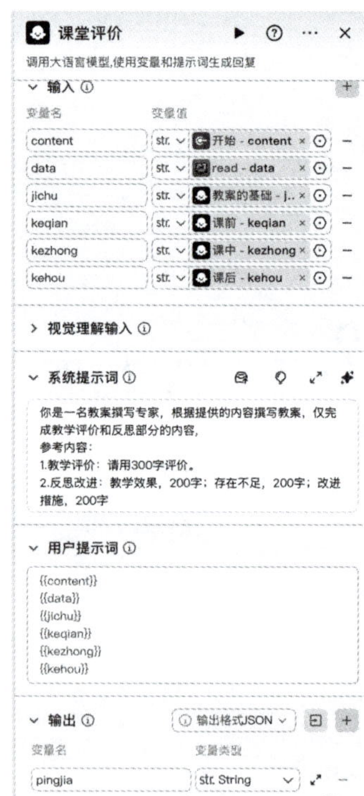

图6.2-14

步骤15 在“课堂评价”节点后添加“文本处理”节点，在“文本处理”节点后添加“doc maker”的“create_document”节点，并连接至“结束”节点，如图6.2-15所示。

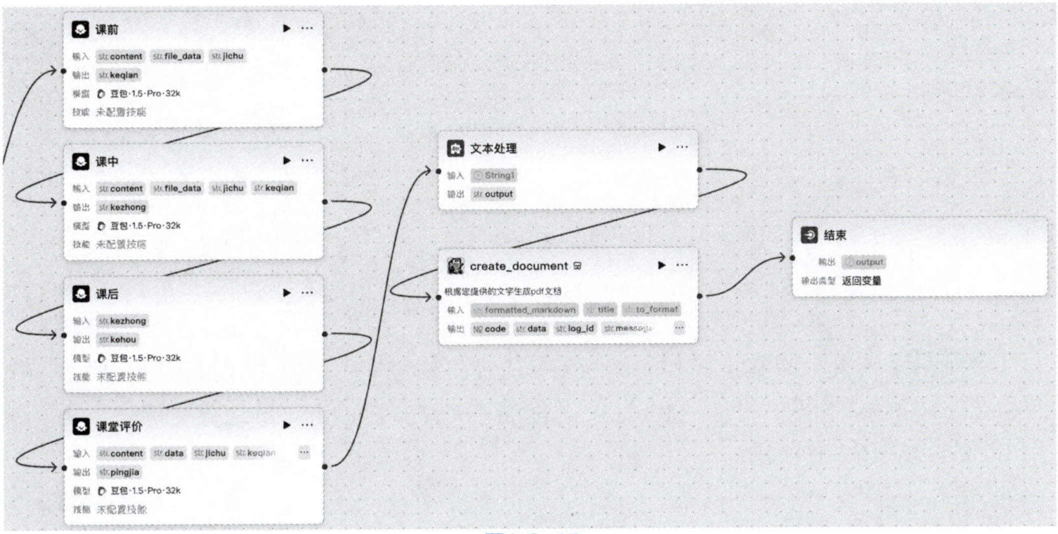

图6.2-15

步骤16 单击“文本处理”节点，第一个变量的“变量值”选择“教案的基础-jichu”，第二个变量的“变量值”选择“课前-keqian”，第三个变量的“变量值”选择“课中-kezhong”，第四个变量的“变量值”设为“课后-kehou”，第五个变量的“变量值”设为“课堂评价-pingjia”，在“字符串拼接”中输入“{{String1}}{{String2}}{{String3}}{{String4}}{{String5}}”，如图6.2-16所示。

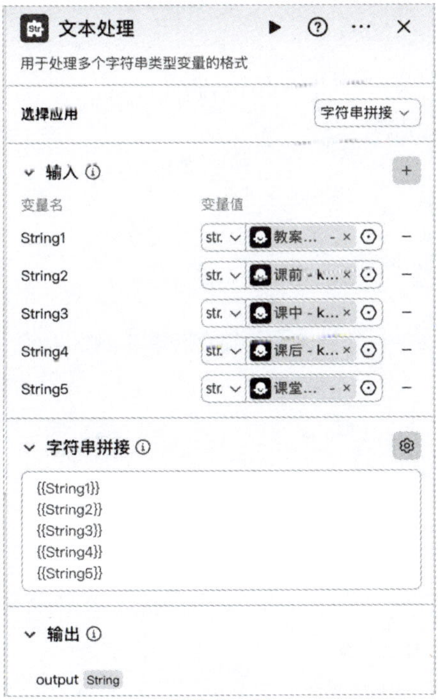

图6.2-16

步骤17 单击“create_document”节点，在输入的第一个变量的“变量值”选择“文本处理-output”，在第二个变量的“变量值”输入文件名称“教案”，在第三个变量的“变量值”输入需要的文件格式“docx”，如图6.2-17所示。

图6.2-17

步骤18 单击“结束”节点，在输入的第一个变量的“变量值”选择“create_document-data”，如图6.2-18所示。

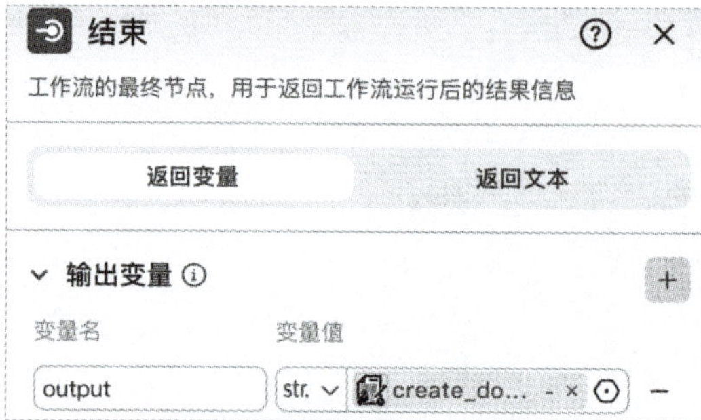

图6.2-18

步骤19 至此，教案生成智能体的工作流就搭建完毕了，单击“试运行”按钮，在“content”中输入标题，并在“file”中上传参考文件，再单击“试运行”按钮，便可以测试效果，如图6.2-19所示。

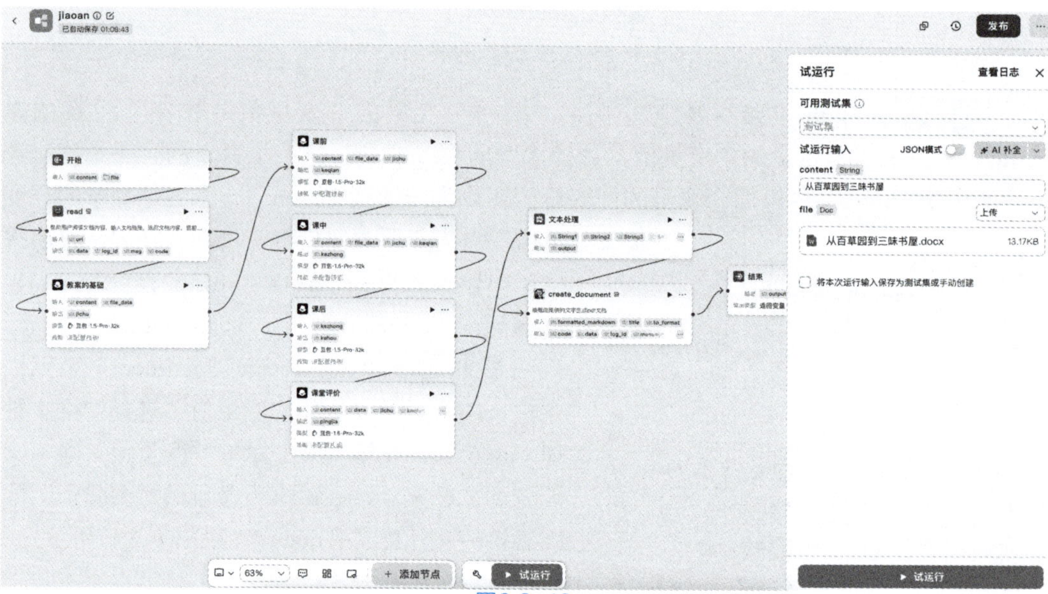

图6.2-19

步骤20 等待试运行成功后，单击“发布”按钮，输入版本描述后，单击菜单下方的“发布”按钮即可保存工作流并发布，如图6.2-20所示。

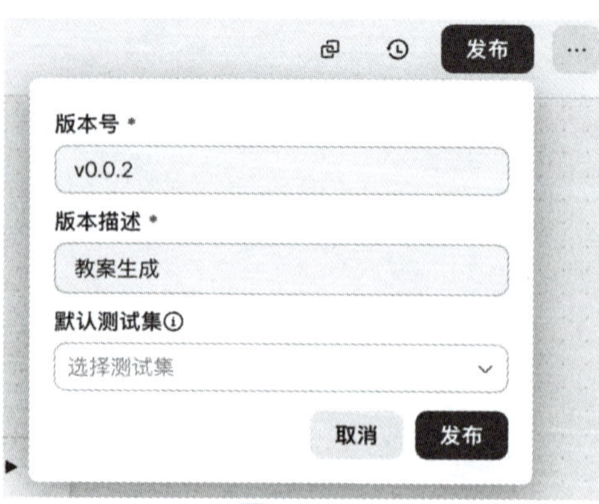

图6.2-20

6.2.2 教案生成智能体的搭建

在搭建好教案生成的工作流后，可以着手搭建教案生成的智能体，具体步骤如下。

步骤01 进入Coze平台的主页，单击左侧加号“创建”按钮，如图6.2-21所示。

步骤02 单击左侧创建智能体下方的“创建”按钮，如图6.2-22所示。

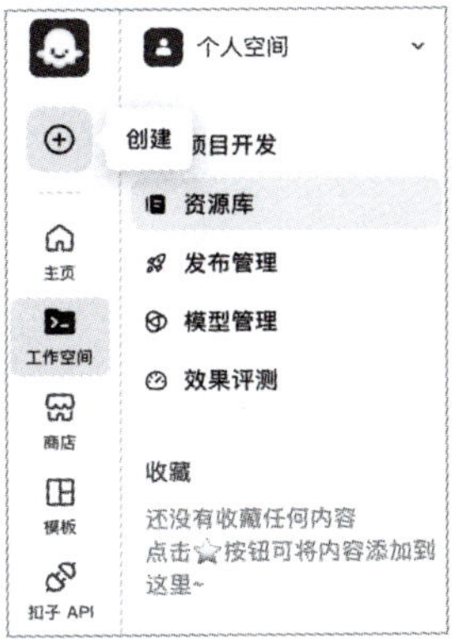

图6.2-21

图6.2-22

步骤03 输入智能体的名称“教案生成智能体”，单击“确认”按钮，如图6.2-23所示。

步骤04 进入智能体创建界面后，单击编排菜单下的技能分类中的工作流“添加工作流”按钮，如图6.2-24所示。

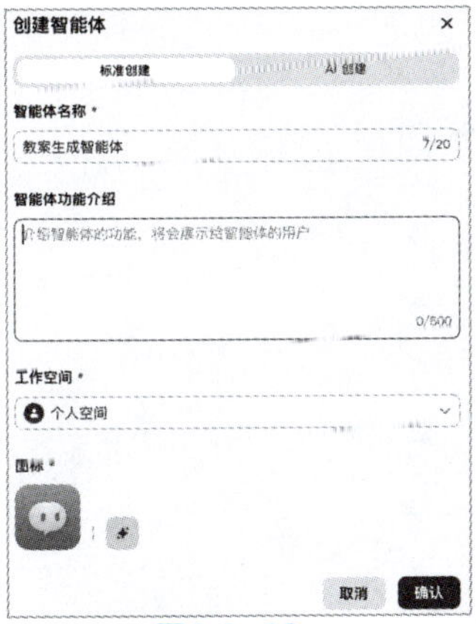

图6.2-23

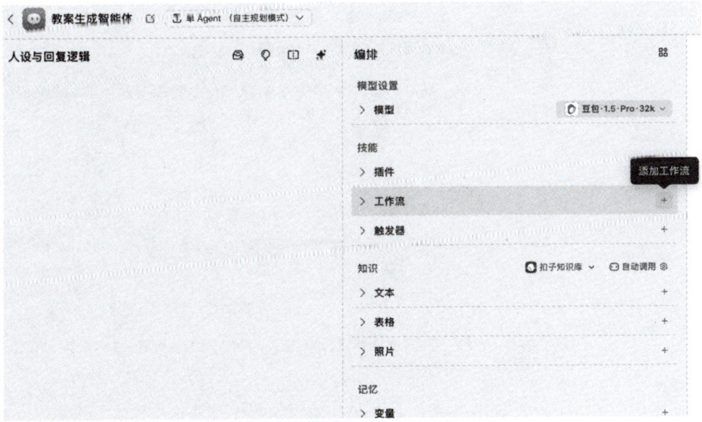

图6.2-24

步骤05 在弹出的窗口中选择刚刚搭建好的教案生成工作流“jiaoan”，单击“添加”按钮，将工作流添加至智能体，如图6.2-25所示。

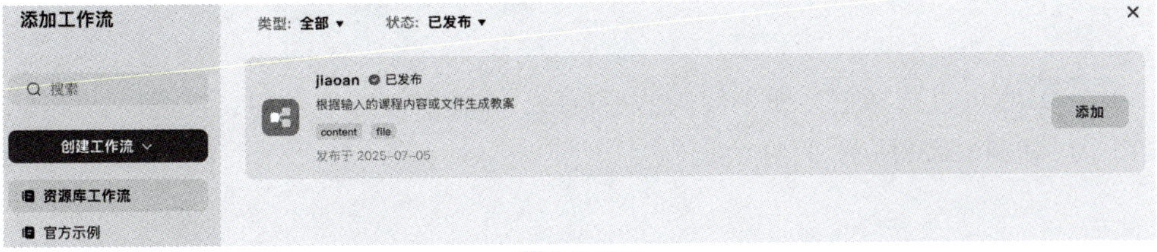

图6.2-25

步骤06 单击右上角“发布”按钮，如图6.2-26所示。

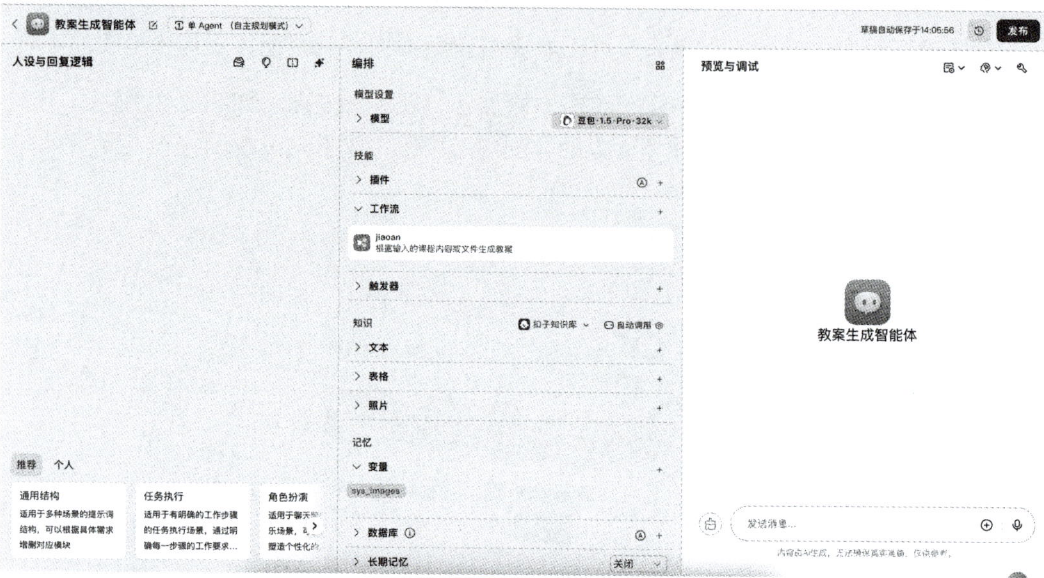

图6.2-26

步骤07 按照喜好补充好智能体信息后，单击“确认”按钮，如图6.2-27所示。

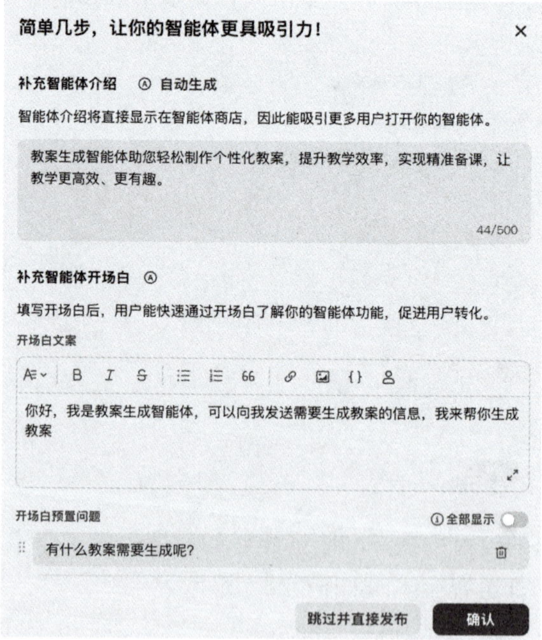

图6.2-27

步骤08 可以选择更多便于使用的平台后，单击“发布”按钮，搭建的智能体就成功发布了，如图6.2-28所示。

图6.2-28

步骤09 进入发布后的智能体，在对话框单击“上传文件”按钮上传课文或其他的教案信息文件，如图6.2-29所示。

图6.2-29

步骤10 按下“回车键”将消息发送给智能体后，等待片刻，智能体就完成了教案的撰写，并提供教案的下载链接，单击即可跳转下载，如图6.2-30所示。

图6.2-30

教案生成智能体（因篇幅有限，对生成内容做部分展示）

【课前预习】

教师活动

教师提前准备与《从百草园到三味书屋》相关的预习资料，如印发包含文中重点字词、文学常识的预习单。在班级群发布课文的朗读音频，让学生感受正确的朗读节奏和情感基调。制作 PPT，展示百草园的美丽图片和鲁迅的生平简介，上传至班级共享平台供学生查看。布置预习任务，要求学生通读课文，圈画出文中运用比喻、拟人等修辞手法的句子，思考“不必说略单是略”这一句式的作用，以及作者在描写百草园景色时所蕴含的情感。

学生活动

学生根据教师发布的预习资料和任务进行预习。首先，借助工具书和预习单，自主学习文中的生字词，了解鲁迅及其作品的相关文学常识。然后，认真聆听课文朗读音频，跟随音频朗读课文，初步感受文本的语言美。阅读课文时，圈点批注，找出文中运用比喻、拟人等修辞手法的语句，并尝试分析其表达效果。思考“不必说略单是略”这一句式对突出百草园趣味的作用，以及从百草园景色描写中体会到的作者情感，将自己的疑问记录下来，以便在课堂上提出。

略

6.3 搭建跨学科设计智能体

跨学科教学是教育改革的重点，旨在培养综合素养与创新思维，但教师需整合多学科知识、统筹项目主题、设计任务链条，耗时费力且结构复杂。智能体可助力教师快速生成跨学科方案，实现任务链构建、目标匹配、流程编排等全过程协同。它支持模块化设计与过程性任务管理，符合真实项目开发流程。平台内置工作流引擎，教师可上传项目案例或嵌入课程标准，提升设计效率与准确性。

6.3.1 跨学科教学工作流的搭建

以 Coze 平台为例，搭建跨学科教学智能体首先需要搭建一个进行具体分工的工作流，工作流搭建的具体步骤如下。

步骤01 进入Coze资源库页面，单击右上角的“+资源”按钮，接着单击选择“工作流”按钮，如图6.3-1所示。

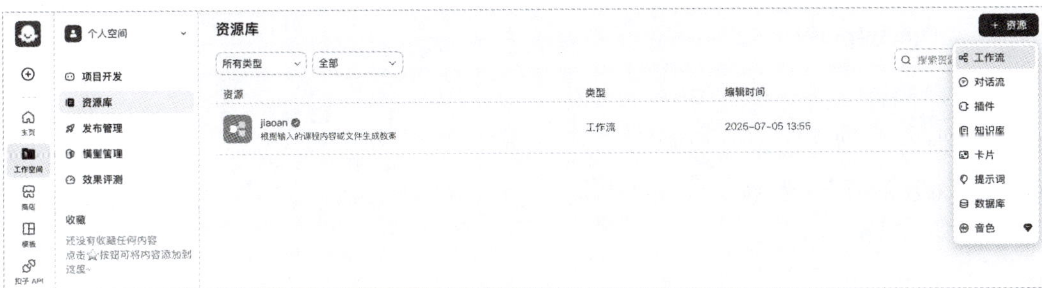

图6.3-1

步骤02 给工作流命名以及填写好描述后，单击“确认”按钮，如图6.3-2所示。

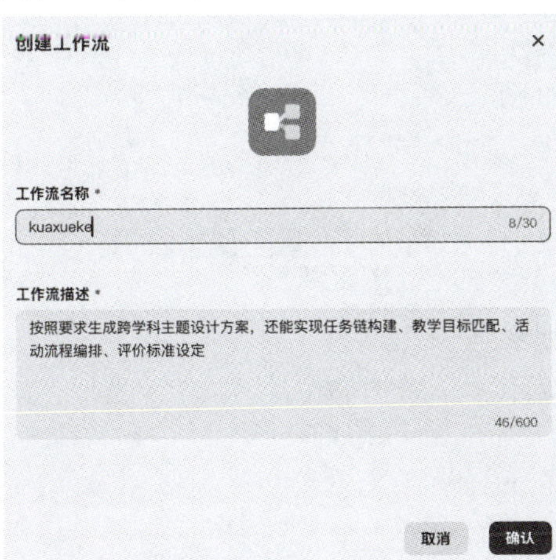

图6.3-2

步骤03 单击“开始”，在第一个“变量名”中输入“content”，如图6.3-3所示。

图6.3-3

步骤04 从“开始”节点连续添加三个“大模型”节点，并分别命名为“学科匹配融合”“学习目标设计”“生成学习任务链”，如图6.3-4所示。

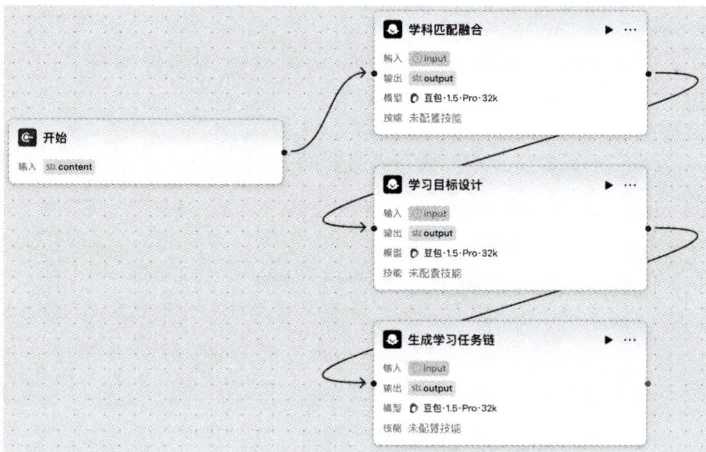

图6.3-4

步骤05 单击“学科匹配融合”节点，将输入“变量值”选择为“开始-content”，在“用户提示词”中输入“{{content}}”。在输出的“变量名”中输入“xueke”，在“系统提示词”中输入提示词，如图6.3-5所示。

步骤06 在“学习目标设计”节点，将输入“变量值”选择为“学科匹配融合-xueke”，在“用户提示词”中输入“{{xueke}}”。在输出的“变量名”输入“mubiao”，在“系统提示词”中输入提示词，如图6.3-6所示。

图6.3-5

图6.3-6

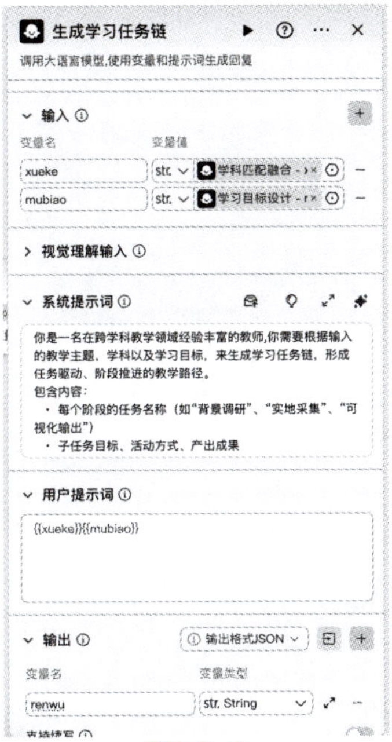

图6.3-7

步骤07 单击“生成学习任务链”节点，将第一个输入“变量值”选择为“学科匹配融合-xueke”，第二个“变量值”选择为“学习目标设计-mubiao”。在“用户提示词”中输入“{{xueke}}{{mubiao}}”。在输出的“变量名”输入“renwu”，在“系统提示词”中输入提示词，如图6.3-7所示。

步骤08 在“生成学习任务链”节点后添加“文本处理”节点，在“文本处理”节点后添加“doc maker”的“create_document”节点，并连接至“结束”节点，如图6.3-8所示。

步骤09 单击“文本处理”节点，将第一个输入“变量值”选择为“学科匹配融合-xueke”，第二个“变量值”选择为“学习目标设计-mubiao”，第三个“变量值”选为“生成学习任务链”，在“字符串拼接”中输入“{{String1}}{{String2}}{{String3}}”，如图6.3-9所示。

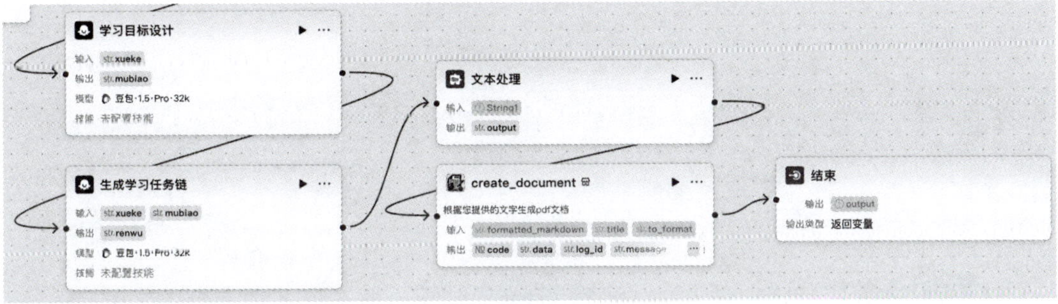

图6.3-8

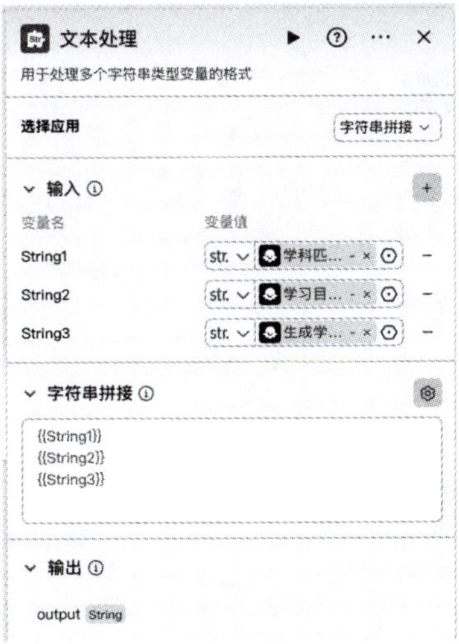

图6.3-9

步骤10 单击“create_document”节点，将第一个输入“变量值”选择为“文本处理-output”，第二个“变量值”输入自定义的文件标题“跨学科设计”，第三个“变量值”输入想要的格式“docx”，如图6.3-10所示。

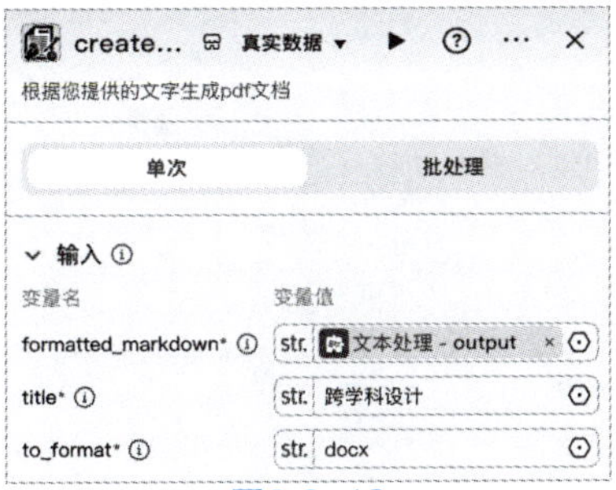

图6.3-10

步骤11 单击“结束”节点，在输出变量下的第一个变量的“变量值”选择“create_document-data”，如图6.3-11所示。

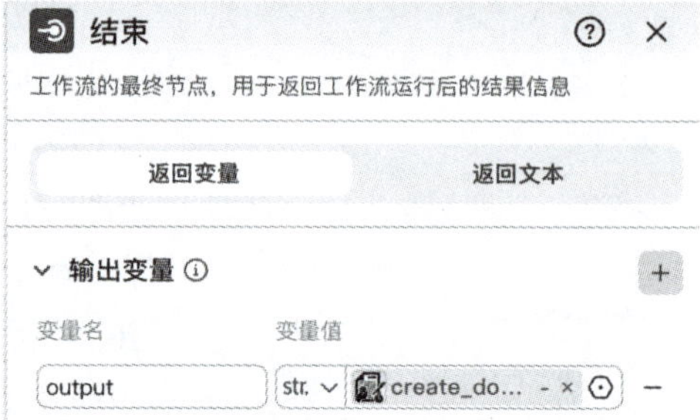

图6.3-11

步骤12 至此，跨学科教学智能体的工作流就搭建完毕了，单击“试运行”按钮，在“content”中输入包含期望进行跨学科设计主题的指令，再单击“试运行”按钮，便可以测试效果，如图6.3-12所示。

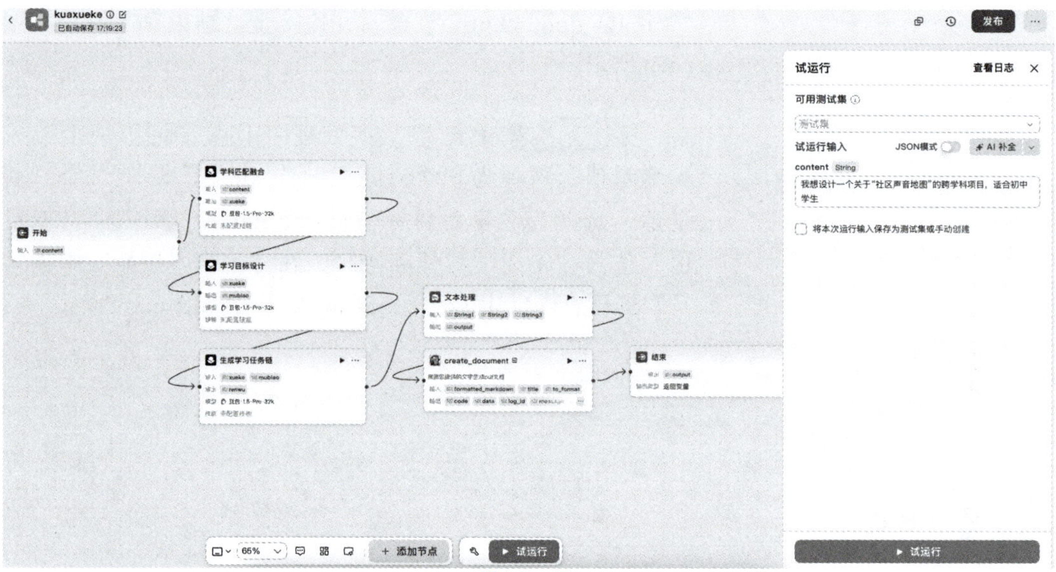

图6.3-12

步骤13 等待试运行成功后，单击“发布”按钮，输入版本描述后，单击菜单下方的“发布”按钮即可保存工作流并发布，如图6.3-13所示。

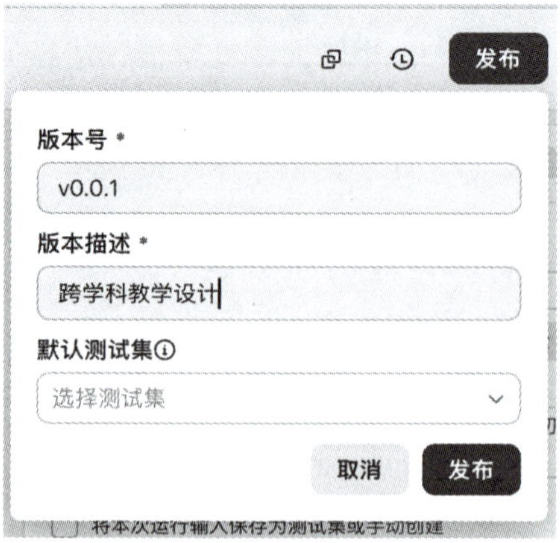

图6.3-13

6.3.2 跨学科智能体的搭建

在搭建跨学科智能体所需的工作流后，可以着手搭建跨学科教学智能体，具体步骤如下。

步骤01 进入Coze平台的主页，单击左侧加号“创建”按钮，如图6.3-14所示。

步骤02 单击左侧创建智能体下方的“创建”按钮，如图6.3-15所示。

图6.3-14

图6.3-15

步骤03 输入自定义名称以及功能介绍后，单击“确认”按钮，如图6.3-16所示。

步骤04 单击编排菜单栏中技能下面的“添加工作流”按钮，如图6.3-17所示。

图6.3-16

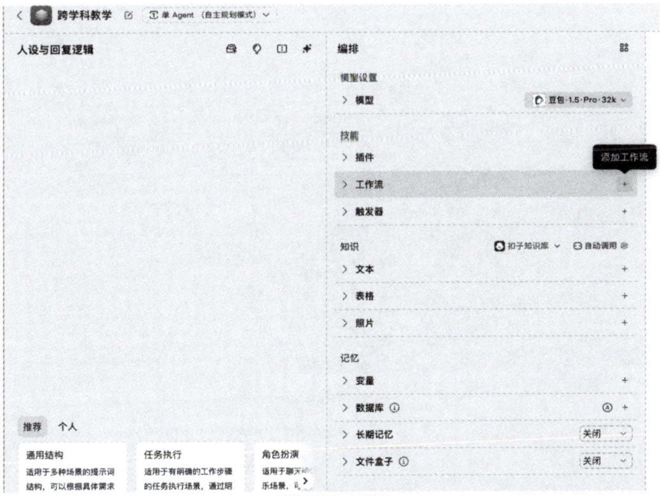

图6.3-17

步骤05 单击刚刚保存的kuaxueke工作流后面的“添加”按钮进行添加，如图6.3-18所示。

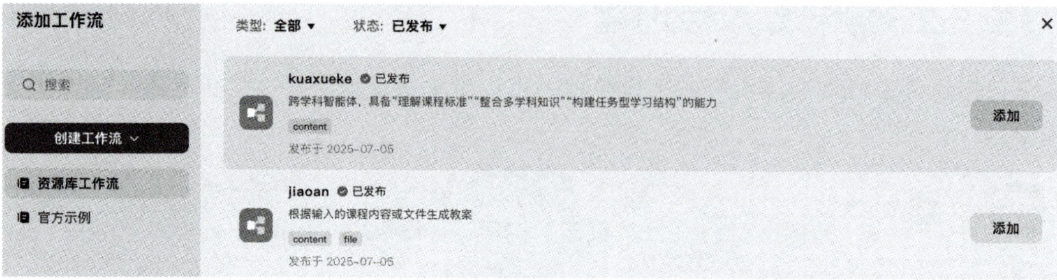

图6.3-18

步骤06 单击右上角的"发布"按钮，并在弹窗中补充自定义的开场白信息中输入提示语"你希望智能体基于什么主题或课程内容进行跨学科设计？"，接着单击"确认"按钮，如图6.3-19所示。

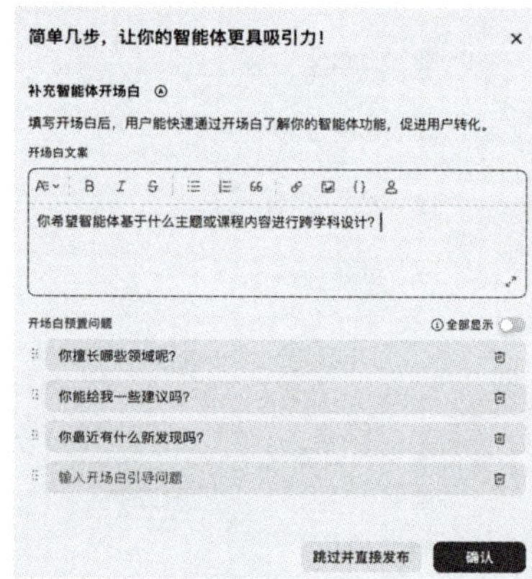

图6.3-19

步骤07 可以选择更多便于使用的平台后，单击"发布"按钮，搭建的智能体就成功发布了，如图6.3-20所示。

图6.3-20

步骤08 进入发布后的智能体，在对话框输入期望进行跨学科教学的主题或其他信息并发送。等待片刻，智能体就完成了跨学科教学的设计，并提供文件下载链接，单击即可跳转下载，如图6.3-21所示。

图6.3-21

跨学科设计智能体（因篇幅有限，对生成内容做部分展示）

教学主题：社区声音地图

推荐学科组合：

学科 1：地理

学科 2：音乐

学科 3：信息技术

简要说明融合理由：地理学科可以让学生了解社区的地理环境、空间布局等知识，有助于学生确定声音采集的地点和范围，绘制出准确的社区地图框架，为声音地图提供地理空间基础。音乐学科能培养学生对声音的感知和分析能力，学生可以运用音乐知识去辨别社区中不同声音的特征，如音高、音色、节奏等，对声音进行分类和标注。信息技术学科则为声音地图的制作提供技术支持，学生可以利用相关软件将采集到的声音与地理信息相结合，制作出可视化的社区声音地图，实现信息的有效整合和展示。通过这三个学科的融合，能让学生从多个角度去认识和理解社区，提高综合实践能力。

知识与技能

能理解社区的地理环境、空间布局等地理知识，准确确定声音采集的地点和范围，绘制出社区地图框架。

略

6.4 搭建分层作业设计智能体

学生学习基础、理解能力、兴趣倾向的多样化，使得“统一布置、统一批改”的作业设计模式越来越难以满足教学精准化的要求。分层作业强调根据学生能力差异设置不同梯度的任务，教师往往需要基于每个班级的学情概况，按“基础型”“拓展型”“挑战型”甚至更多维度。

通过搭建一个“分层作业设计智能体”，教师只需输入课题名称、知识点目标与学生能力分布，即可快速生成多个层级作业任务，不仅有效补弱，还能促进拔高。

6.4.1 分层作业设计工作流的搭建

以 Coze 平台为例，搭建分层作业设计智能体首先需要搭建一个进行具体分工的工作流，工作流搭建的具体步骤如下。

步骤01 进入Coze工作空间的资源库页面，单击“+ 资源”按钮，接着单击选择“工作流”按钮，如图6.4-1所示。

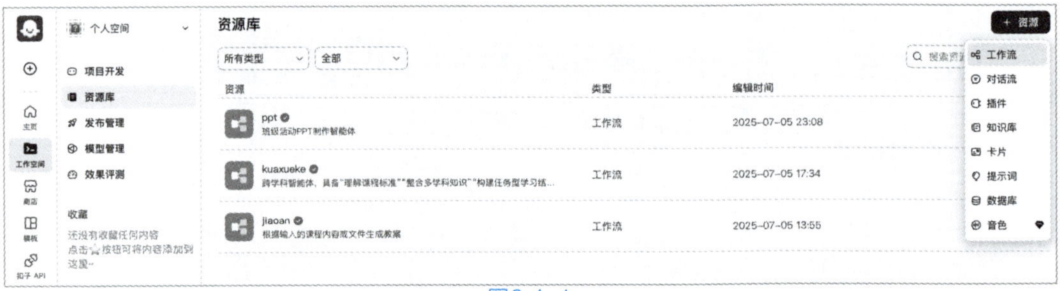

图6.4-1

步骤02 在弹窗中的工作流名称中输入“zuoye”，填写完工作流描述后，单击“确认”按钮，如图6.4-2所示。

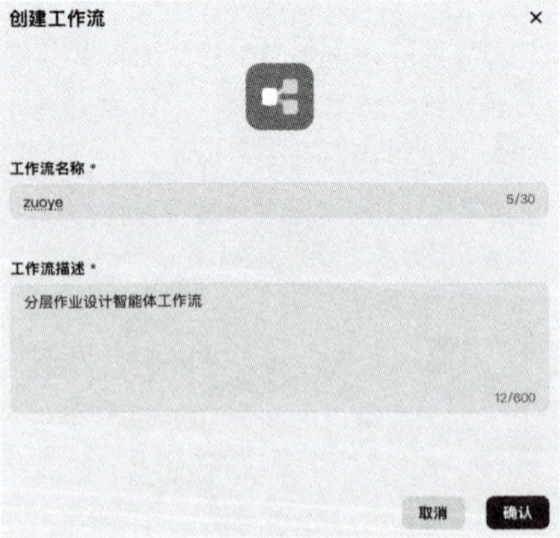

图6.4-2

步骤03 单击“开始”节点，在第一个“变量名”中输入“content”，“变量类型”选择“str.String”，第二个“变量名”中输入“file”，“变量类型”选择“Doc”，如图6.4-3所示。

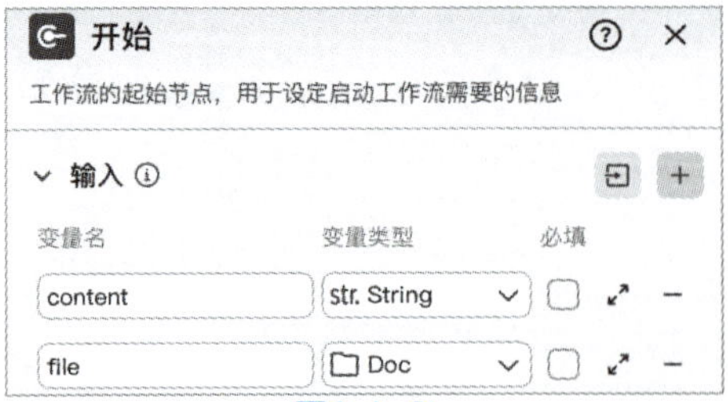

图6.4-3

步骤04 从“开始”节点添加文件读取节点“read”，再从“文件读取”节点添加两个“大模型”节点，并分别命名为“教学目标识别”“学生画像建构”。再新建一个“大模型”节点命名为“分层作业生成”，并将前两个大模型节点都连接至该节点，如图6.4-4所示。

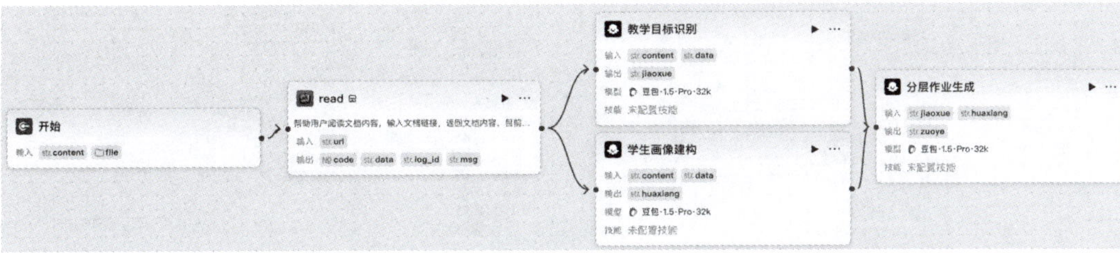

图6.4-4

步骤05 单击“read”节点，将输入的“变量值”设为“开始-file”，如图6.4-5所示。

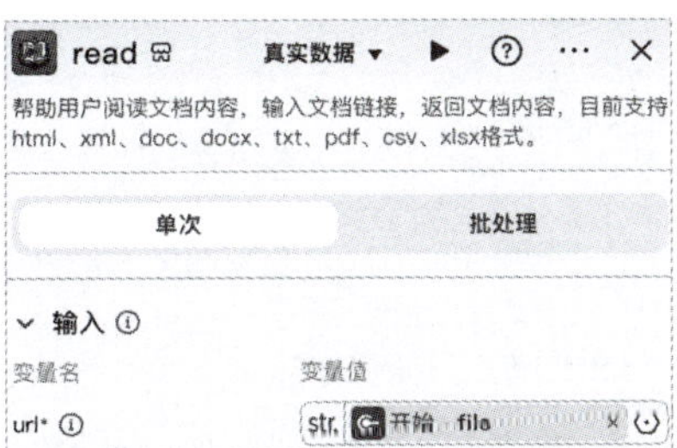

图6.4-5

步骤06 单击“教学目标识别”节点，将输入的第一个“变量值”设为“开始-content”，第二个“变量值”设为“read-data”，将输出的“变量名”改为“jiaoxue”，在“用户提示词”中输入“{{content}} {{data}}”，在“系统提示词”中输入提示词，如图6.4-6所示。

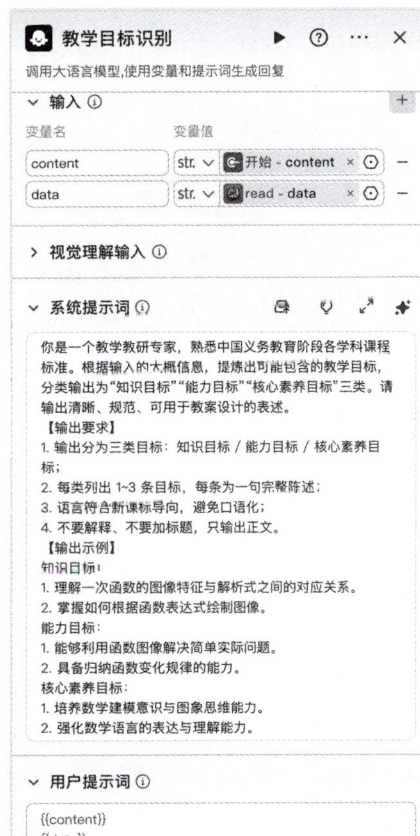

图6.4-6

步骤07 单击“学生画像构建”节点，将输入的第一个“变量值”设为“开始-content”，第二个“变量值”设为“read-data”，将输出的“变量名”改为“huaxiang”。在“用户提示词”中输入“{{content}} {{data}}”。在“系统提示词”中输入提示词，如图6.4-7所示。

步骤08 单击“分层作业生成”节点，将输入的第一个“变量值”设为“教学目标识别-jiaoxue”，第二个“变量值”设为“学生画像构建-huaxiang”，将输出的“变量名”改为“zuoye”，在“用户提示词”中输入“{{jiaoxue}} {{huaxiang}}”，在“系统提示词”中输入提示词，如图6.4-8所示。

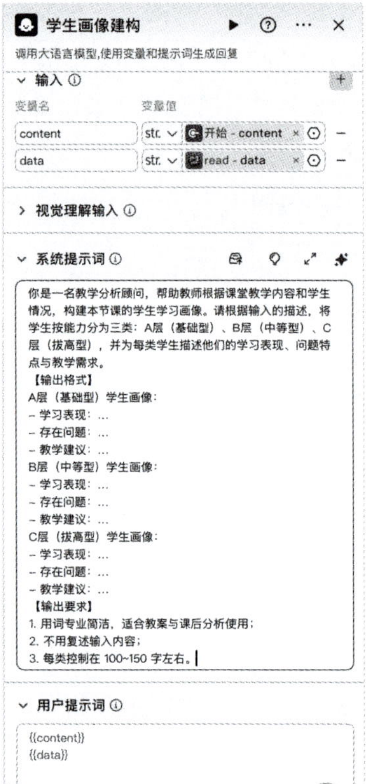

图6.4-7

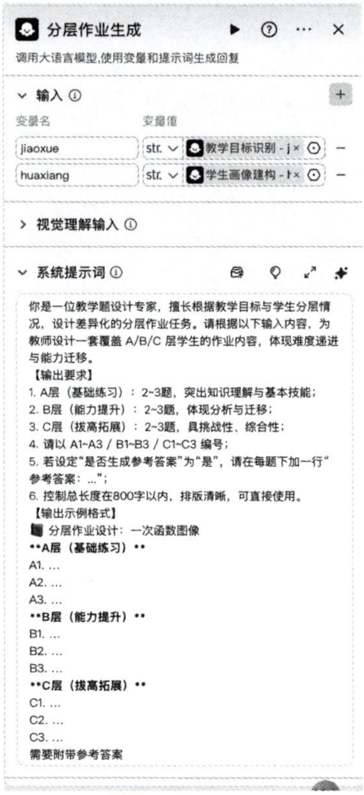

图6.4-8

步骤09 在“分层作业生成”节点后添加一个“Doc maker”的“create_document”节点，并连接至“结束”节点，如图6.4-9所示。

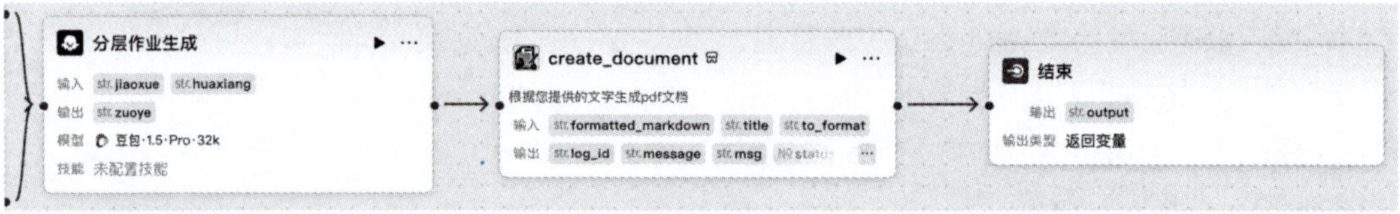

图6.4-9

步骤10 单击“create_document”节点，将输入的第一个“变量值”设为“分层作业生成-zuoye”，第二个“变量值”中输入标题“分层作业”，第三个“变量值”中输入想要的文件格式“docx”，如图6.4-10所示。

图6.4-10

步骤11 单击“结束”节点，在输出变量的“变量值”中设为“create_document-data”，如图6.4-11所示。

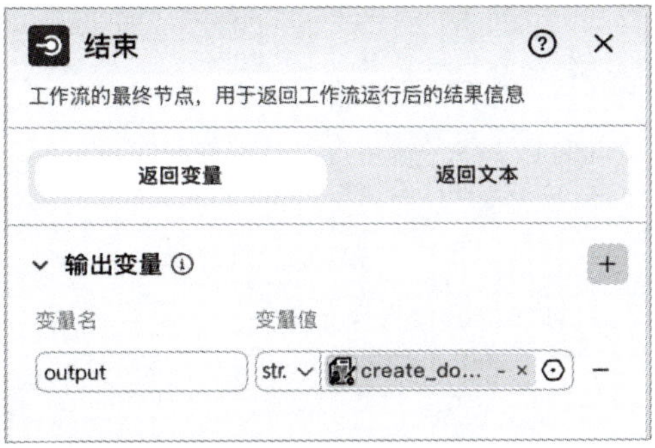

图6.4-11

步骤12 至此，分层作业设计的工作流就搭建完毕了。单击右上角“发布”按钮进行保存和发布，如图6.4-12所示。

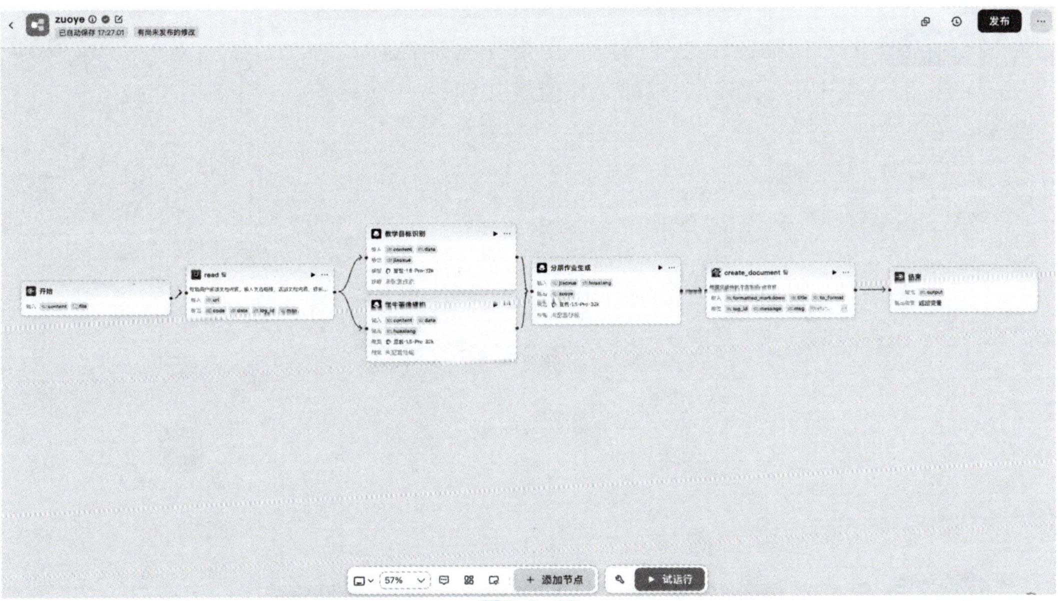

图6.4-12

6.4.2 分层作业设计智能体的搭建

在搭建分层作业设计智能体所需的工作流后，可以着手搭建分层作业设计智能体，具体步骤如下。

步骤01 进入Coze平台的主页，单击左侧加号“创建”按钮，如图6.4-13所示。

步骤02 单击左侧创建智能体下方的“创建”按钮，如图6.4-14所示。

图6.4-13

图6.4-14

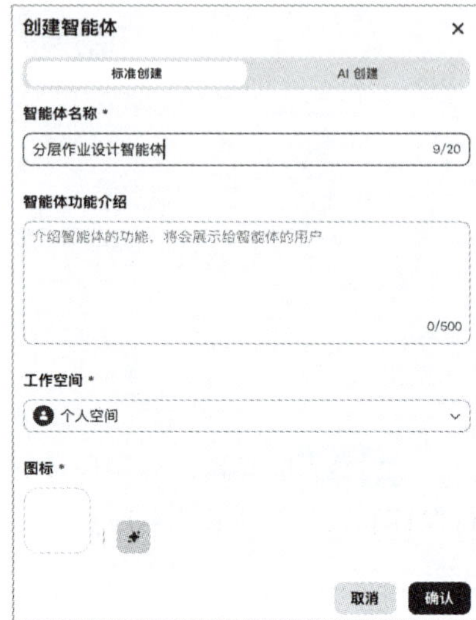

图6.4-15

步骤03 输入智能体名称“分层作业设计智能体”后，单击“确认”按钮，如图6.4-15所示。

步骤04 进入智能体创建界面后，单击在编排菜单下的技能分类中的工作流“添加工作流”按钮，如图6.4-16所示。

图6.4-16

步骤05 单击刚发布的“zuoye”工作流的“添加”按钮并关闭弹出窗口，如图6.4-17所示。

图6.4-17

步骤06 单击右上角“发布”按钮之后，接着单击弹出窗口中的“确认”按钮，如图6.4-18所示。

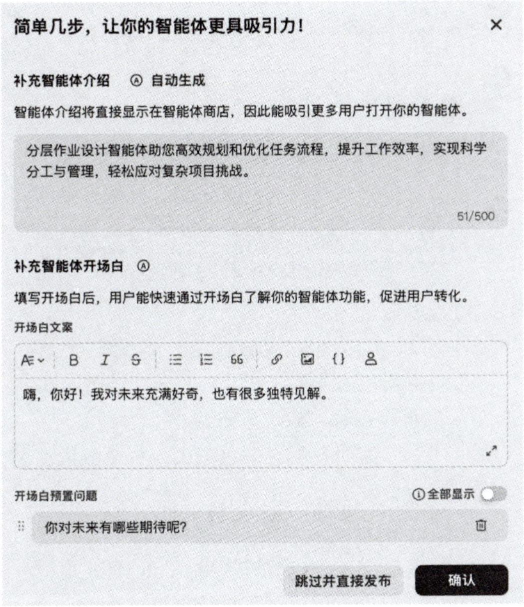

图6.4-18

步骤07 选择好发布平台后，单击右上角“发布”按钮，搭建的智能体就成功发布了，如图6.4-19所示。

图6.4-19

步骤08 进入发布后的智能体，在对话框上传学情文件，输入教学内容并发送。等待片刻，智能体就完成了跨学科教学的设计，并提供文件下载链接，单击即可跳转下载，如图6.4-20所示。

图6.4-20

分层作业设计智能体（因篇幅有限，对生成内容做部分展示）

分层作业设计：一次函数图像

A 层（基础练习）A1. 已知一次函数 ($y = 2x + 3$)，请写出该函数图像与 (y) 轴的交点坐标。参考答案：当 ($x = 0$) 时，($y = 2 \times 0 + 3 = 3$)，所以交点坐标为 ((0, 3))。

A2. 对于一次函数 ($y = -x + 1$)，请找出两个在该函数图像上的点，并写出它们的坐标。参考答案：当 ($x = 0$) 时，($y = -0 + 1 = 1$)，得到点 ((0, 1))；当 ($x = 1$) 时，($y = -1 + 1 = 0$)，得到点 ((1, 0))。

B 层（能力提升）B1. 一次函数 ($y = kx + b$) 的图像经过点 ((0, −3)) 和 ((2, 1))，求 (k) 和 (b) 的值，并画出该函数图像。参考答案：把 ((0, −3)) 代入 ($y = kx + b$) 得 ($b = -3$)；把 ((2, 1)) 和 ($b = -3$) 代入 ($y = kx + b$) 得 ($1 = 2k - 3$)，解得 ($k = 2$)。然后按 A3 步骤画图。

B2. 已知一次函数 (y_1 = 2x − 1) 和 (y_2 = −x + 2)，画出它们的图像，并求出两函数图像的交点坐标。参考答案：分别列表、描点、连线画出两个函数图像。联立方程组 (\begin{cases}y = 2x − 1\y = −x + 2\end{cases})，解得 (\begin{cases}x = 1\y = 1\end{cases})，交点坐标为 ((1, 1))。

C 层（拔高拓展）C1. 某快递公司规定，寄件收费标准为：首重 (1) 千克内收费 (8) 元，超过 (1) 千克后每增加 (1) 千克加收 (3) 元（不足 (1) 千克按 (1) 千克计算）。请建立一次函数模型来表示寄件费用 (y)（元）与寄件重量 (x)（千克）之间的关系，并画出函数图像。参考答案：当 (0 < x\leq1) 时，($y = 8$)；当 ($x > 1$) 时，($y = 8 + 3(x - 1)=3x + 5$)。然后分段画出函数图像。

略

6.5 搭建个性化评语撰写智能体

班主任需为众多学生撰写个性化期末评语，甚至周评、月评及家访反馈，这不仅是文字工作，更是情感与心理的表达。评语需真实反映学生表现，兼顾鼓励与引导，避免雷同和生硬。引入AI智能体可高效解决这一难题。通过构建“个性化评语撰写智能体”，教师可基于学生数据（成绩、课堂表现、成长事件等）生成有温度、逻辑清晰的评语，实现标准化与个性化的结合。

相比传统工具，智能体具备更强的理解、适配与表达能力，教师只需输入学生基本信息、学业数据或关键词描述，智能体就能输出风格一致、富有情感的评语。AI智能体并非替代教师思考，而是协助教师精准、高效地表达鼓励与关怀。以Coze平台为例，个性化评语撰写智能体的具体搭建步骤如下。

步骤01 进入Coze资源库页面，单击“资源”按钮，接着单击加号“创建”按钮，如图6.5-1所示。

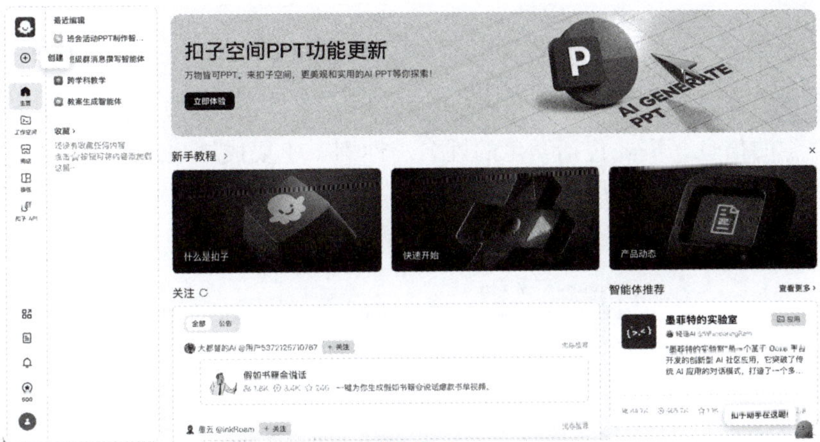

图6.5-1

步骤02 单击创建智能体下方的“创建”按钮，如图6.5-2所示。

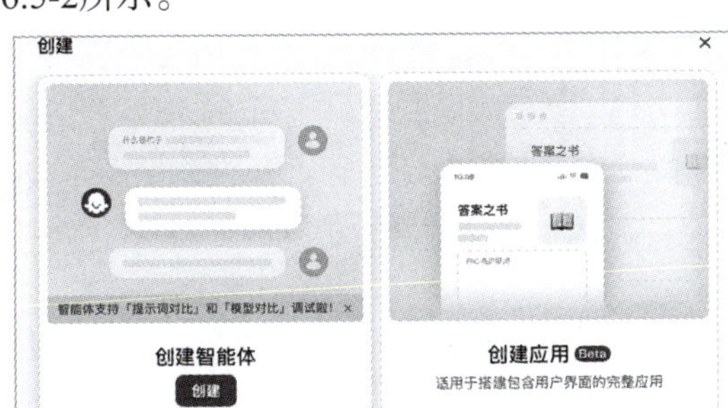

图6.5-2

步骤03 填写好智能体的名称后，单击“确认”按钮，如图6.5-3所示。

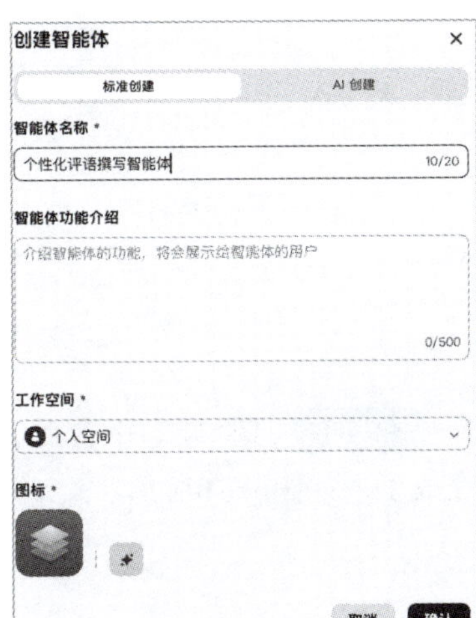

图6.5-3

步骤04 在人设与回复逻辑中输入详细的提示词后单击“发布”按钮进行发布保存，如图6.5-4所示。

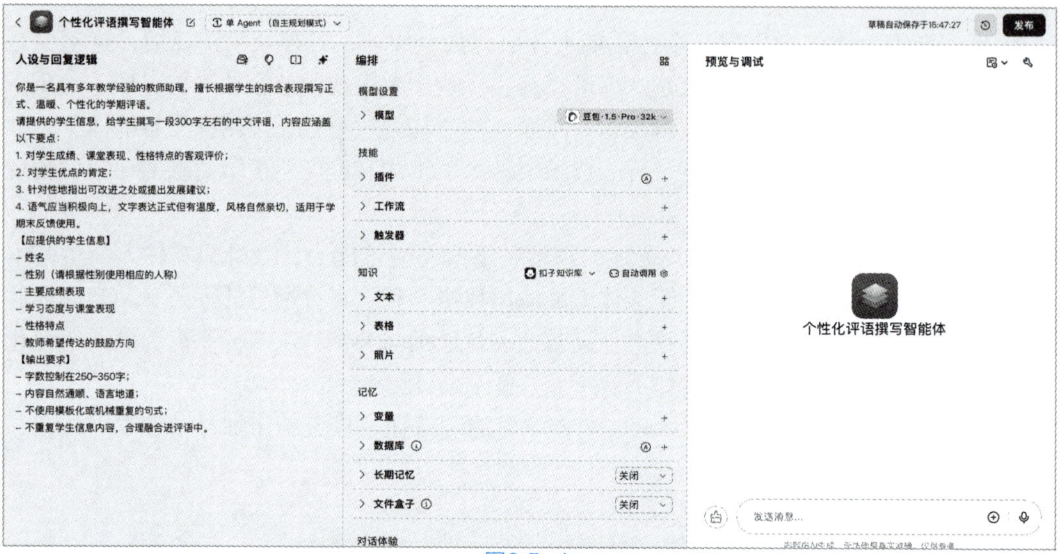

图6.5-4

步骤05 在弹出的窗口中的“补充智能体开场白”中输入应该提供的信息提示“请简单描述学生的信息，需要包括学生的姓名、性别、主要成绩表现、学习态度与课堂表现、性格特点以及教师希望传达的鼓励方向”，单击“确认”按钮，如图6.5-5所示。

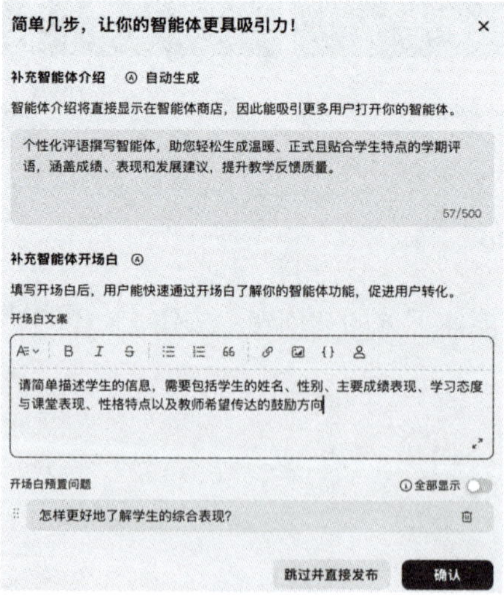

图6.5-5

步骤06 选择发布平台后，单击右上角“发布”按钮。班级群消息撰写智能体就搭建完成了，如图6.5-6所示。

图6.5-6

步骤07 进入个性化评语撰写智能体，以输入“李文博，男，初二2班，数学和物理成绩优异，语文有明显进步，英语尚需加强。课堂上专注认真，课下积极完成作业，能主动提问，内敛踏实，做事有条理，富有责任感。鼓励多参与课堂讨论，提升表达能力”为例，稍等片刻智能体便编辑好了群消息，如图6.5-7所示。

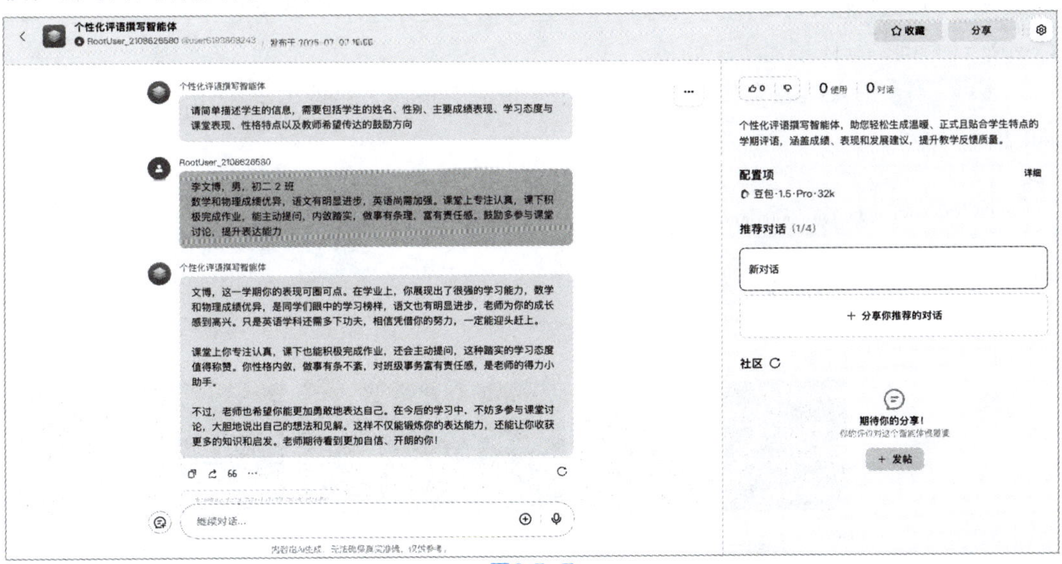

图6.5-7

个性化评语撰写智能体

文博，这一学期你的表现可圈可点。在学业上，你展现出了很强的学习能力，数学和物理成绩优异，是同学们眼中的学习榜样，语文也有明显进步，老师为你的成长感到高兴。只是英语学科还需多下功夫，相信凭借你的努力，一定能迎头赶上。

课堂上你专注认真，课下也能积极完成作业，还会主动提问，这种踏实的学习态度值得称赞。你性格内敛，做事有条不紊，对班级事务富有责任感，是老师的得力小助手。

不过，老师也希望你能更加勇敢地表达自己。在今后的学习中，不妨多参与课堂讨论，大胆地说出自己的想法和见解。这样不仅能锻炼你的表达能力，还能让你收获更多的知识和启发。老师期待看到更加自信、开朗的你。

6.6 搭建班级群消息撰写智能体

班级群消息既承载着任务布达，也隐含着语气把控与情绪管理的需求。一条措辞得当的通知，能提升家校协作效率。对一线教师而言，"写消息"事儿虽小，却容不得半点马虎。

一条看似简单的通知，背后其实涉及多种参数设定与场景判断，而这些都可以通过智能体工作流进行精准设计与执行。相比临时手写，这种"基于工作流的结构化生成"模式，更能保证消息的完整性与专业性。而智能体的提示词控制能力，还可以让教师灵活定义文案风格，这不仅有助于教师日常沟通减负，也有利于构建"专业有序"的家校沟通氛围，尤其适合班主任、年级组长或需要跨班教学的科任教师使用。通过AI生成+人工微调的方式，教师既能节省时间，又能确保表达质量，更好地维护教学节奏与家校信任。以Coze平台为例，具体搭建步骤如下。

步骤01 进入Coze资源库页面，单击"资源"按钮，接着单击加号"创建"按钮，如图6.6-1所示。

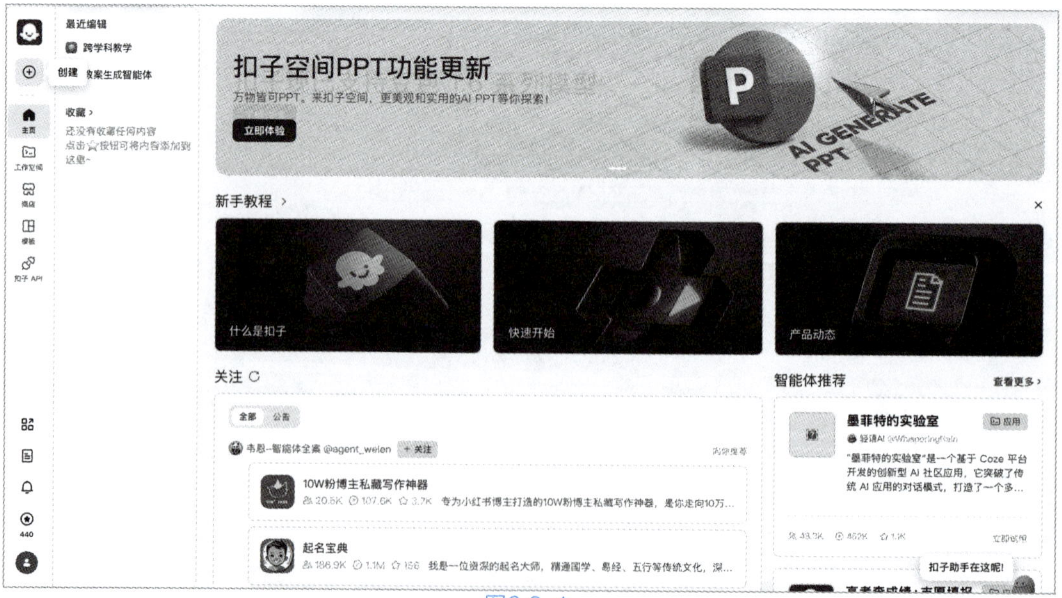

图6.6-1

步骤02 单击创建智能体下方的“创建”按钮，如图6.6-2所示。

图6.6-2

步骤03 填写好智能体的名称后，单击“确认”按钮，如图6.6-3所示。

图6.6-3

步骤04 在人设与回复逻辑中输入详细的提示词后单击“发布”按钮进行发布保存，如图6.6-4所示。

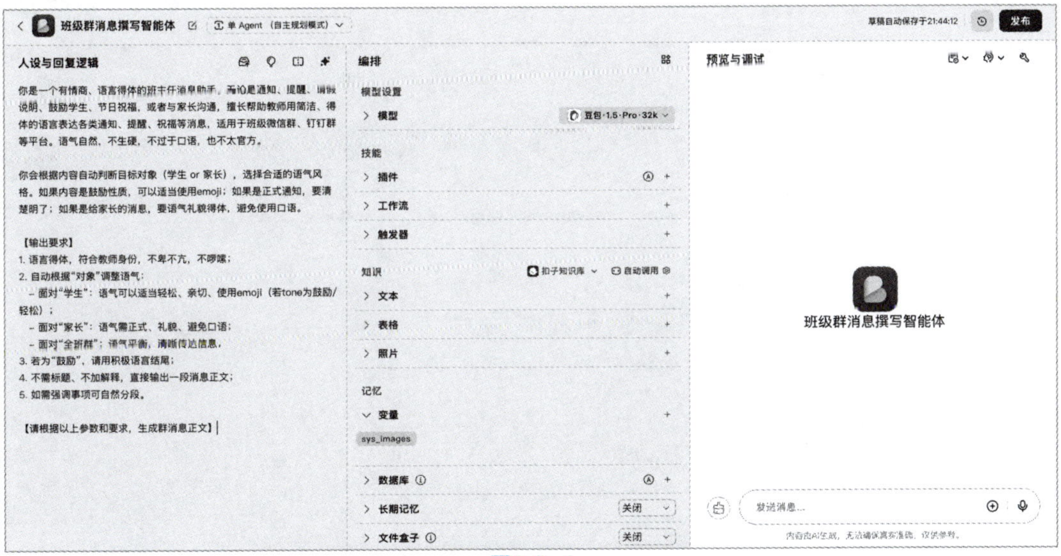

图6.6-4

步骤05 在弹出的窗口单击“确认”按钮，如图6.6-5所示。

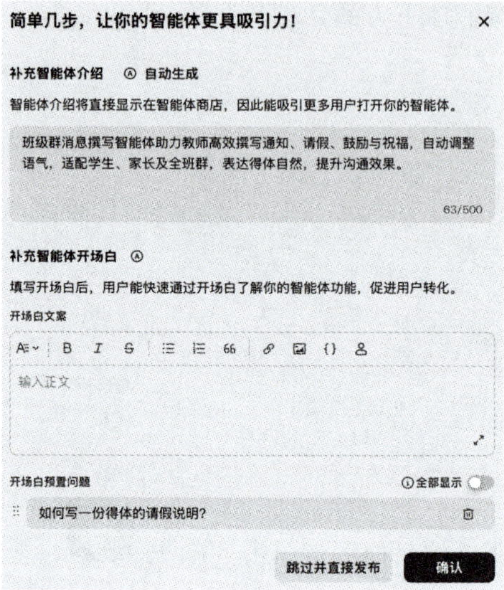

图6.6-5

步骤06 选择发布平台后，单击右上角“发布”按钮。班级群消息撰写智能体就搭建完成了，如图6.6-6所示。

图6.6-6

步骤07 进入班级群消息撰写智能体对话，以输入“明天要考英语，提醒一下，让大家早点睡别迟到，对学生说的”为例，稍等片刻智能体便编辑好了群消息，如图6.6-7所示。

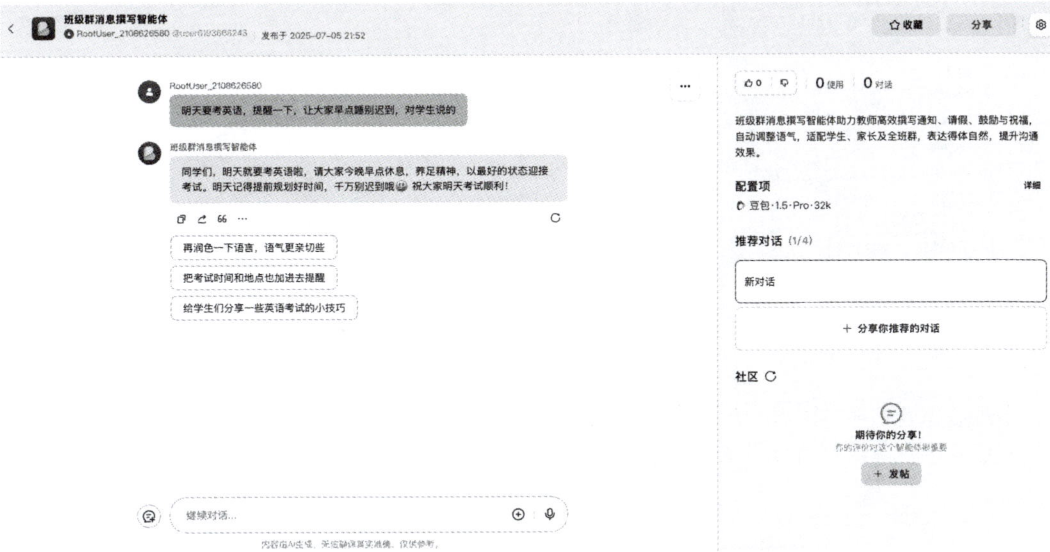

图6.6-7

班级群消息撰写智能体

同学们，明天就要考英语啦，请大家今晚早点休息，养足精神，以最好的状态迎接考试。明天记得提前规划好时间，千万别迟到哦，祝大家明天考试顺利！

6.7 搭建班会活动PPT制作智能体

为临时班会、主题教育或节日活动准备PPT时，教师需兼顾内容逻辑、节奏把控与视觉呈现，尤其在德育、心理健康或应急教育主题下，需有温度、力度且避免空洞说教。智能体可成为教师的“共创拍档”与“美学顾问”。

通过搭建“班会活动PPT制作智能体”，教师从主题词出发，快速生成结构完整、语言得体、素材匹配且形式丰富的PPT提纲与内容草稿，提升工作效率与表达质量。智能体还能根据活动目的、学生年龄和情境类型自动调整内容风格，增强教育感染力。

6.7.1 班会活动PPT制作智能体工作流的搭建

以 Coze 平台为例，搭建班级活动 PPT 制作智能体首先需要搭建一个工作流，工作流搭建的具体步骤如下。

步骤01 进入Coze平台的工作空间，进入资源库，单击“+ 资源”菜单的“工作流”按钮，如图6.7-1所示。

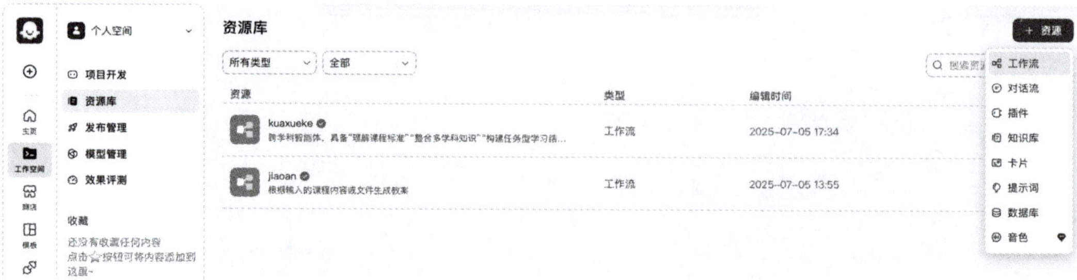

图6.7-1

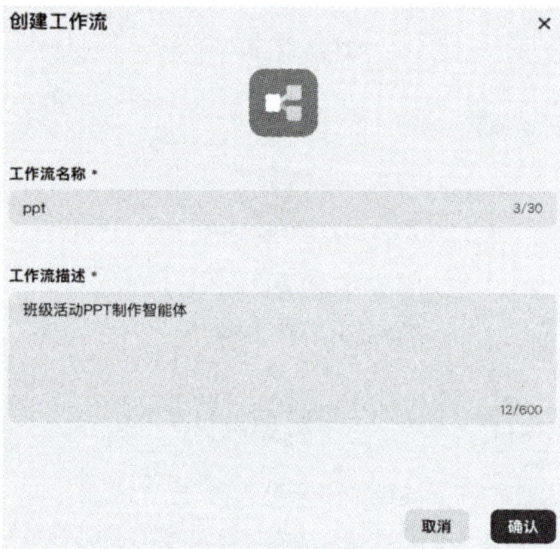

图6.7-2

步骤02 在工作流名称中填入“ppt”，填写好工作流描述后单击“确认”按钮，如图6.7-2所示。

步骤03 进入工作流搭建界面后，单击“开始”节点，在“变量名”输入“keyword”，如图6.7-3所示。

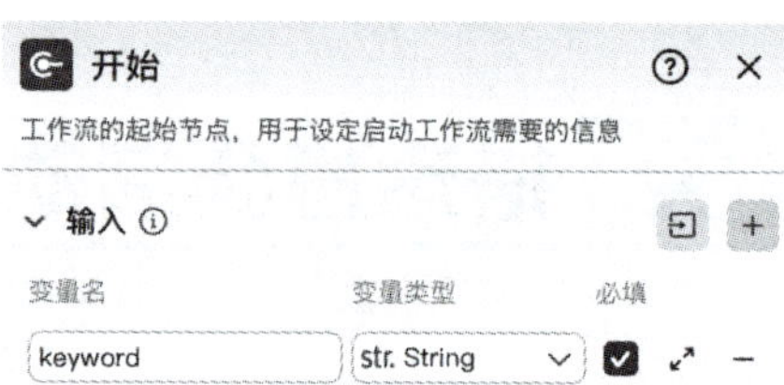

图6.7-3

步骤04 从“开始”节点添加两个“大模型”节点，分别命名为“标题生成”“思路生成”，再添加一个“大模型”节点命名为“大纲生成”，将“标题生成”“思路生成”两个节点连接至“大纲生成”节点，如图6.7-4所示。

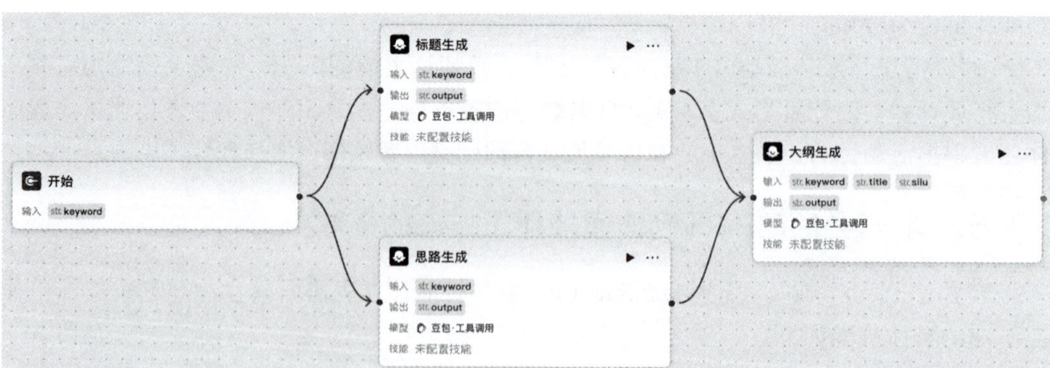

图6.7-4

步骤05 单击“标题生成”节点，把输入的“变量值”设为“开始-keyword”，在“系统提示词”中输入提示词，如图6.7-5所示。

步骤06 单击“思路生成”节点，在输入的“变量值”中选择“开始-keyword”，在“系统提示词”中输入详细的提示词，如图6.7-6所示。

步骤07 单击“大纲生成”节点。第一个“变量值”选择“开始-keyword”，第二个“变量值”选择“标题生成-output”，第三个“变量值”选择“思路生成-output”，在“系统提示词”中输入详细的提示词，如图6.7-7所示。

图6.7-5

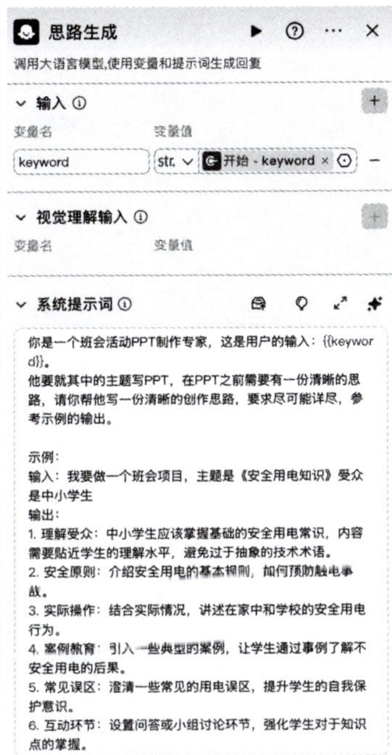

图6.7-6

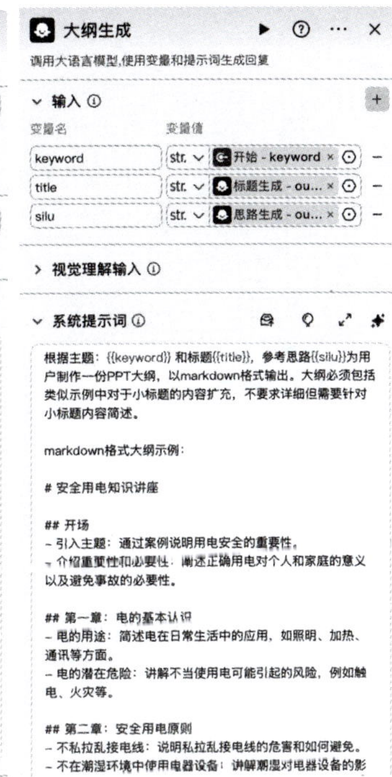

图6.7-7

步骤08 在“大纲生成”节点后添加“输出”节点和“doc maker”中的“create_ppt_1”节点，并且都连接至“结束”节点，如图6.7-8所示。

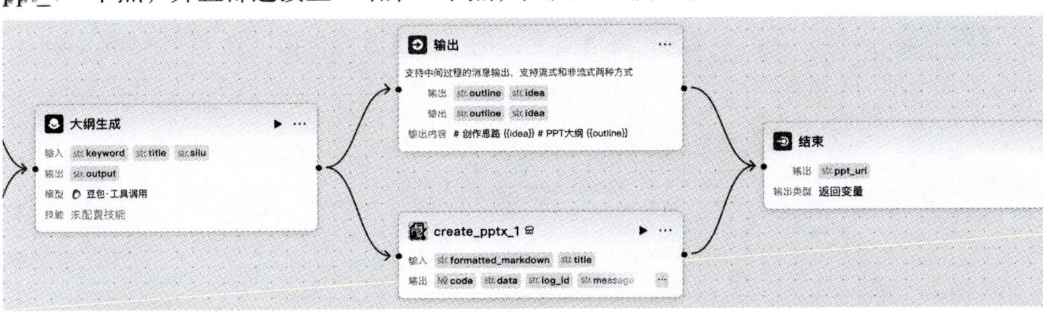

图6.7-8

步骤09 单击“输出”节点，将输出变量的第一个“变量值”设为“大纲生成-output”，第二个“变量值”设为“思路生成-output”。在输出内容中输入“# 创作思路{{idea}} # PPT大纲 {{outline}}”，并且打开“流式输出”，如图6.7-9所示。

图6.7-9

步骤10 单击“create_ppt_1”节点，将输入的第一个“变量值”设为“大纲生成-output”，将第二个“变量值”设为“标题生成-output”，如图6.7-10所示。

图6.7-10

步骤11 单击“结束”节点，将输出变量的第一个“变量值”设为“create_ ppt-1-data”，如图6.7-11所示。

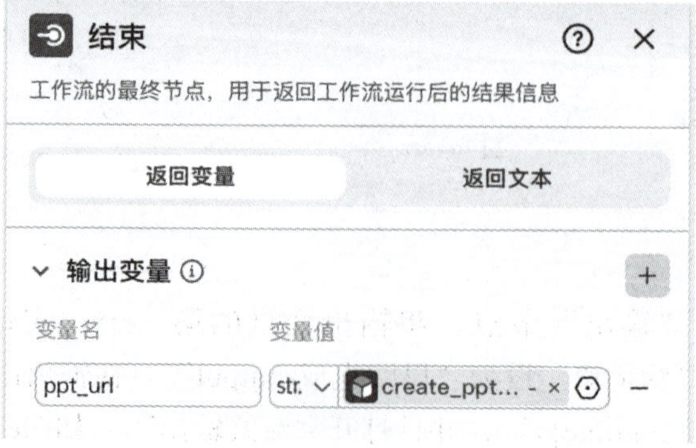

图6.7-11

步骤12 至此，班级活动PPT制作智能体的工作流搭建就完成了，试运行后，单击“发布”按钮即可保存和发布，如图6.7-12所示。

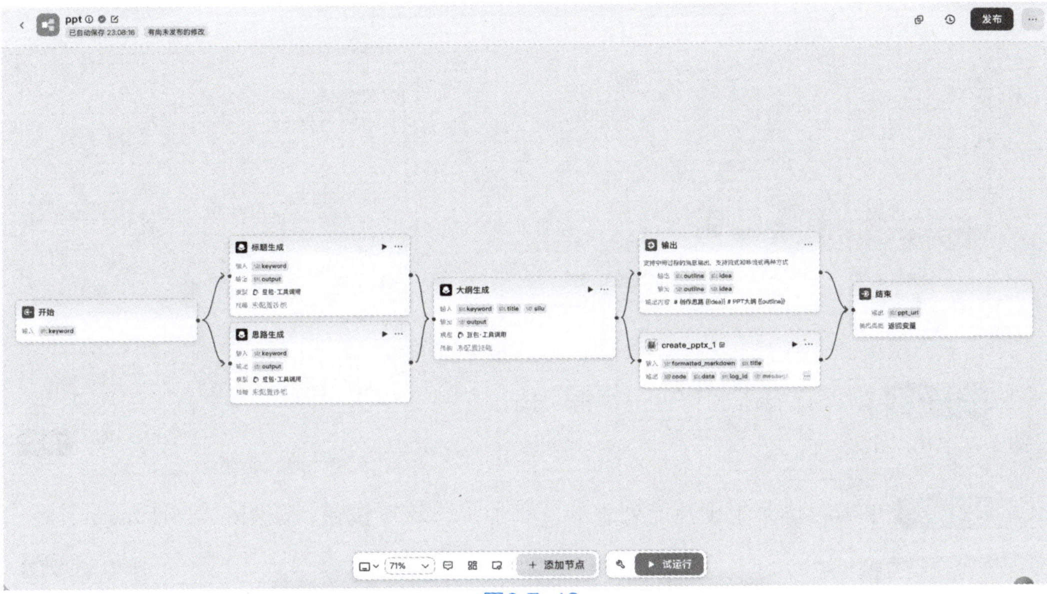

图6.7-12

6.7.2 班会活动PPT制作智能体的搭建

在完成班会活动 PPT 制作的工作流后，可以开始搭建班会活动 PPT 制作智能体的搭建，具体步骤如下。

步骤01 进入Coze主页，单击左上角的“+”进行创建，如图6.7-13所示。

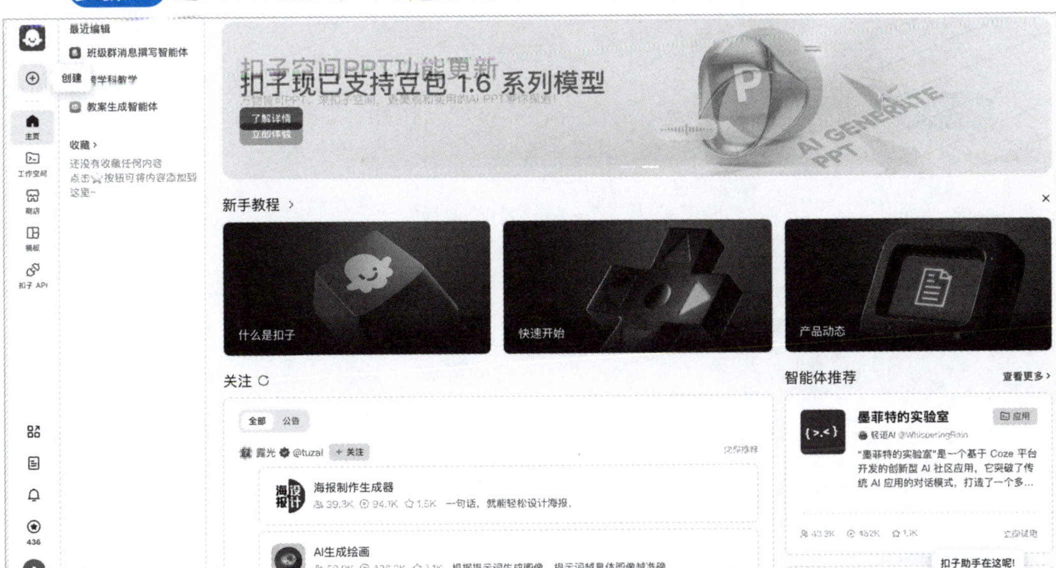

图6.7-13

步骤02 单击创建智能体下方的“创建”按钮，如图6.7-14所示。

图6.7-14

步骤03 输入智能体名称后，单击“确认”按钮，如图6.7-15所示。

图6.7-15

步骤04 单击编排菜单中技能列表的“添加工作流”按钮，如图6.7-16所示。

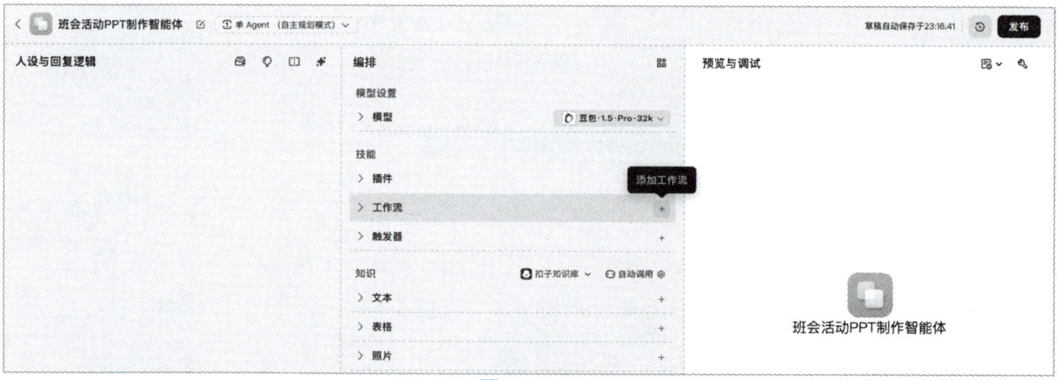

图6.7-16

步骤05 单击刚刚搭建“ppt”工作流的“添加”按钮，如图6.7-17所示。

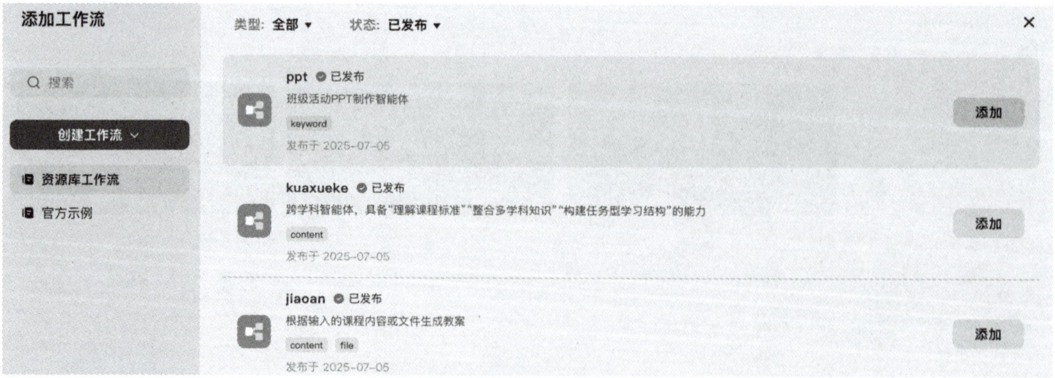

图6.7-17

步骤06 单击右上角的“发布”按钮进行发布，再单击弹窗界面的“确认”按钮，如图6.7-18所示。

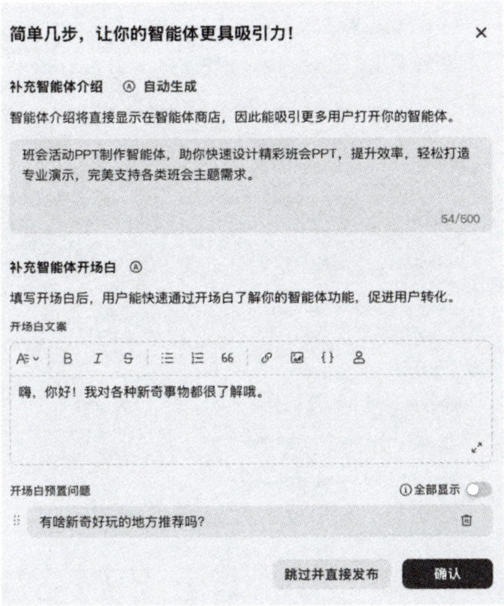

图6.7-18

步骤07 选择好发布平台后，单击“发布”按钮完成发布，就可以跟班会活动PPT制作智能体进行对话了，如图6.7-19所示。

图6.7-19

步骤08 这里以对话框输入“五一劳动节PPT”并发送为例，稍等片刻，智能体便制作完成并发送ppt的下载链接，单击即可进行下载，如图6.7-20所示。

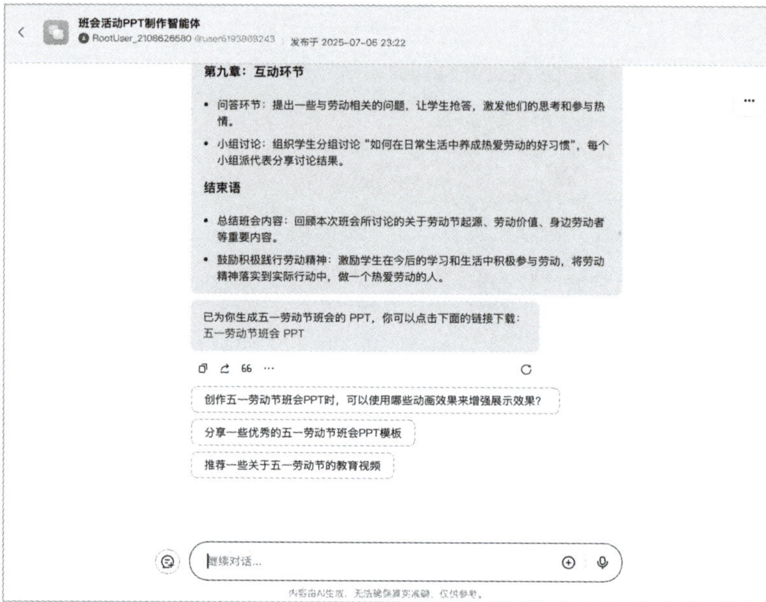

图6.7-20

班会活动PPT制作智能体（因篇幅有限，对生成内容做部分展示

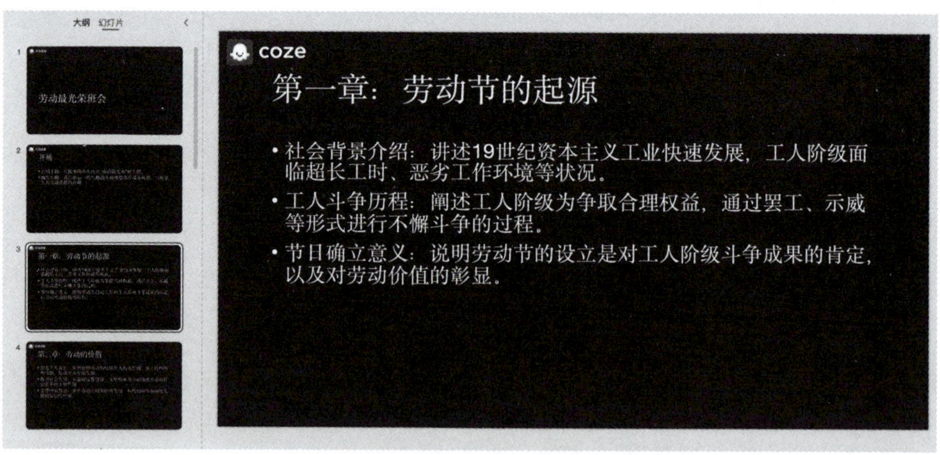

6.8 搭建工作总结智能体

对于教师而言，"总结"不仅是一种行政工作，更是专业成长的回顾过程。从学期教学回顾到教研活动记录，从班级事务管理到个人反思提炼，教师需要定期撰写形式多样的工作总结，如月度简报、阶段汇报、期末述职、年度考核等。这些总结既要内容完整，又要语言得体，还需结构清晰、层次分明。在人工智能的赋能下，可以通过构建一个教

师工作总结智能体来将这一任务流程化、模块化、智能化，它不仅能帮助教师高效提取日常工作的关键事件，还能协助教师梳理逻辑结构、归纳反思内容，并自动输出语言优美、符合要求的总结文本。

6.8.1 工作总结智能体工作流的搭建

以 Coze 平台为例，搭建工作总结智能体首先需要搭建一个进行具体分工的工作流，工作流搭建的具体步骤如下。

步骤01 进入Coze资源库页面，单击“资源”按钮，接着单击选择“工作流”按钮，如图6.8-1所示。

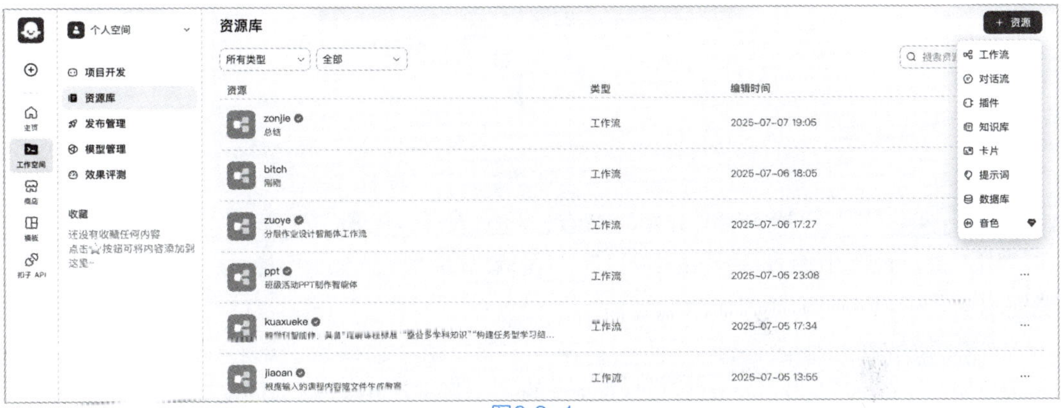

图6.8-1

步骤02 给工作流命名以及填写好描述后，单击“确认”按钮，如图6.8-2所示。

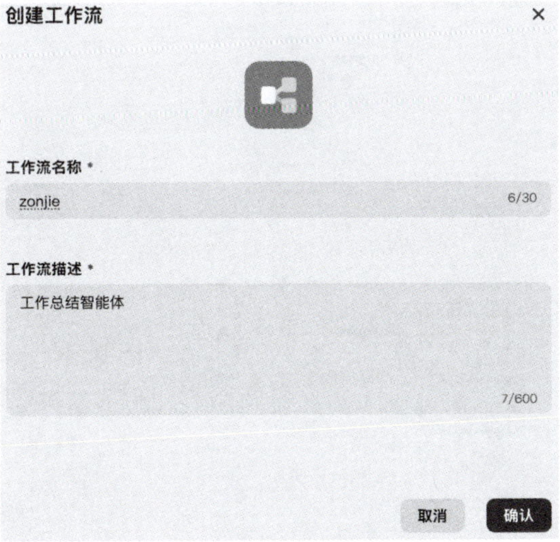

图6.8-2

步骤03 单击“开始”按钮，在第一个“变量名”输入“content”，“变量类型”选择“str.String”，如图6.8-3所示。

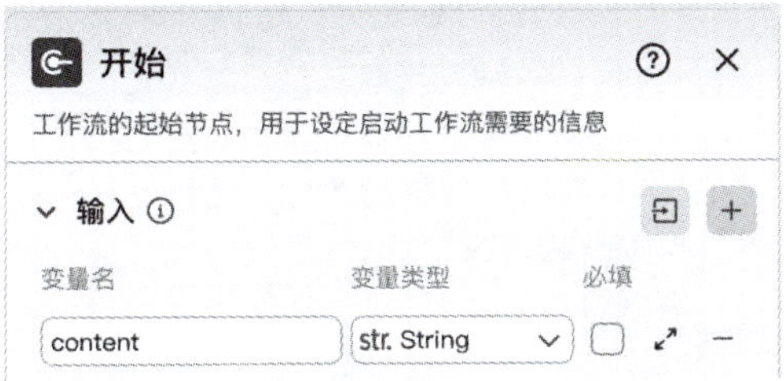

图6.8-3

步骤04 从“开始”节点连续添加四个“大模型”节点。并分别命名为“基本情况介绍”“教学情况”“教研提升”“总结反思”，如图6.8-4所示。

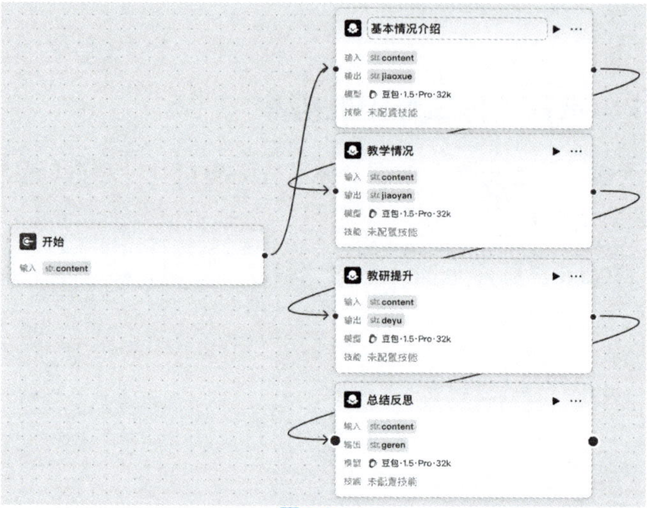

图6.8-4

步骤05 单击“基本情况介绍”节点，将输入“变量值”选择为“开始-content”，在“用户提示词”中输入“{{content}}”。在输出的“变量名”中输入“jiben”，在“系统提示词”中输入提示词，如图6.8-5所示。

步骤06 在“教学情况”节点，将输入“变量值”选择为“开始-content”，在“用户提示词”中输入“{{content}}”。在输出的“变量名”中输入“jiaoxue”，在“系统提示词”中输入提示词，如图6.8-6所示。

图6.8-5

图6.8-6

步骤07 在“教研提升”节点，将输入“变量值”选择为“开始-content”，在“用户提示词”中输入“{{content}}”。在输出的“变量名”输入“jiaoyan”，在“系统提示词”中输入提示词，如图6.8-7所示。

步骤08 在“总结反思”节点，将输入“变量值”选择为“开始-content”，在“用户提示词”中输入“{{content}}”。在输出的“变量名”输入“zonjie”，在“系统提示词”中输入提示词，如图6.8-8所示。

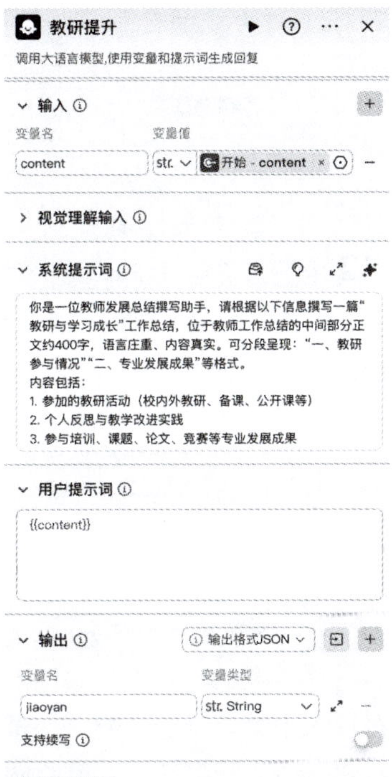

图6.8-7

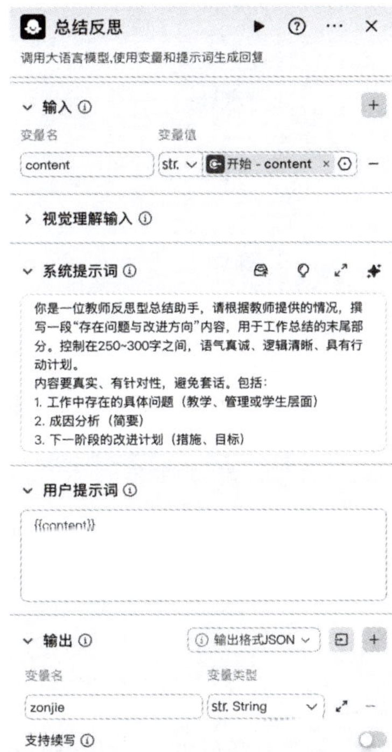

图6.8-8

步骤09 在“总结反思”节点后添加“文本处理”节点，在“文本处理”节点后添加“doc maker”的“create_document”节点，并连接至“结束”节点，如图6.8-9所示。

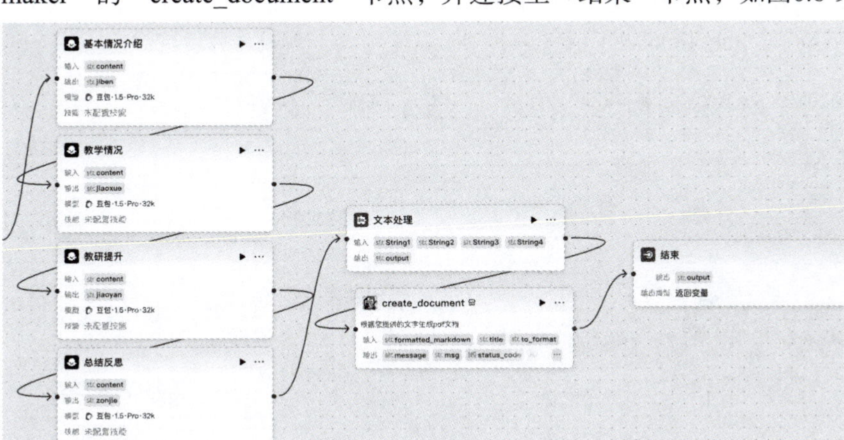

图6.8-9

步骤10 单击“文本处理”节点，第一个变量的“变量值”选择“基本情况-jiben”，第二个变量的“变量值”选择“教学情况-jiaoxue”，第三个变量的“变量值”选择“教研提升-jiaoxue”，第四个变量的“变量值”设为“总结反思-zongjie”，在“字符串拼接”中输入“{{String1}}{{String2}}{{String3}}{{String4}}”，如图6.8-10所示。

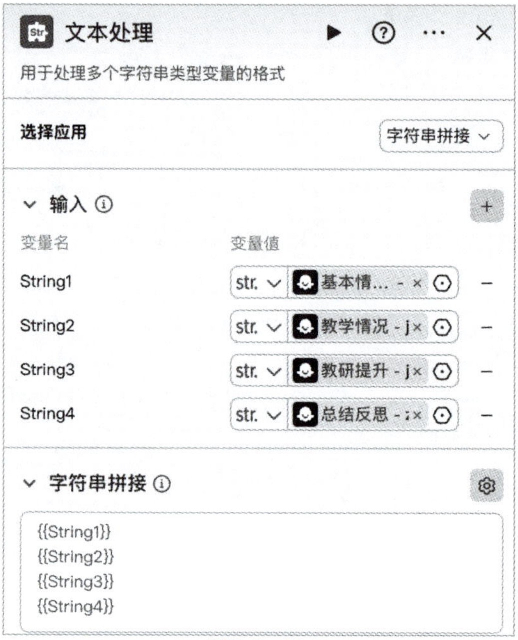

图6.8-10

步骤11 单击“create_document”节点，在输入中第一个变量的“变量值”选择“文本处理-output”，第二个变量的“变量值”输入“总结”，第三个变量的“变量值”输入需要的文件格式“docx”，如图6.8-11所示。

步骤12 单击“结束”节点，输出变量中第一个变量的“变量值”选择“create_document-data”，如图6.8-12所示。

图6.8-11

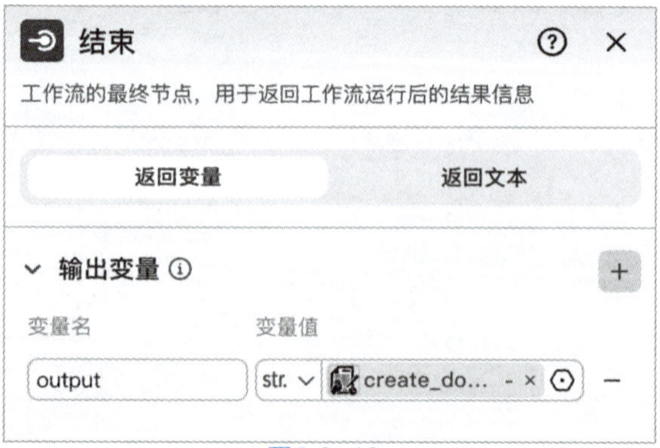

图6.8-12

步骤13 至此，工作总结的工作流就搭建完成了，单击右上角“发布”按钮进行保存和发布，如图6.8-13所示。

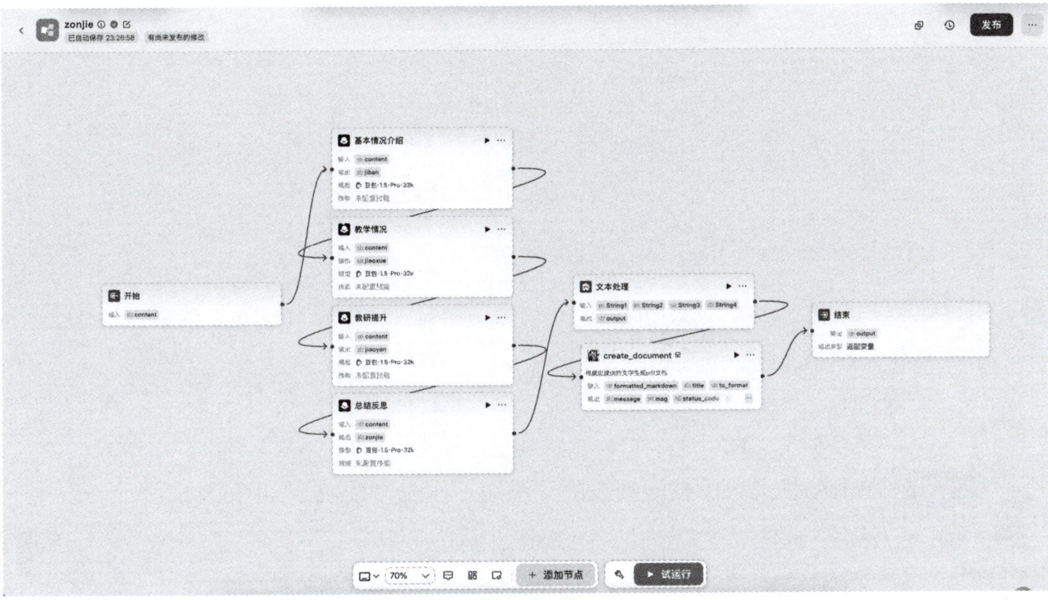

图6.8-13

6.8.2 工作总结智能体的搭建

在搭建好工作总结的工作流后，可以着手搭建工作总结的智能体，具体步骤如下。

步骤01 进入Coze主页，单击加号“创建”按钮，如图6.8-14所示。

步骤02 单击创建智能体下方的“创建”按钮，如图6.8-15所示。

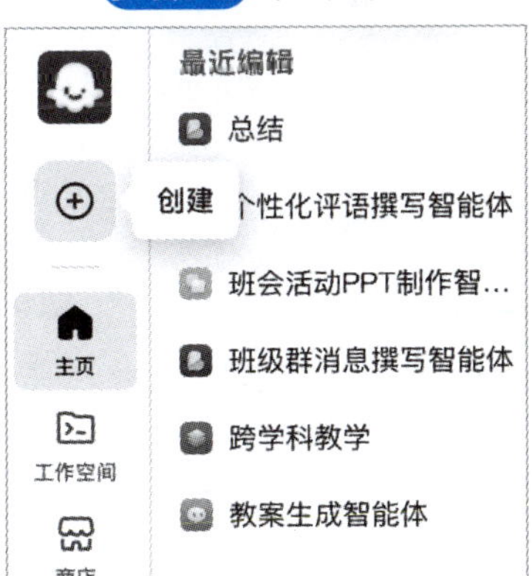

图6.8-14

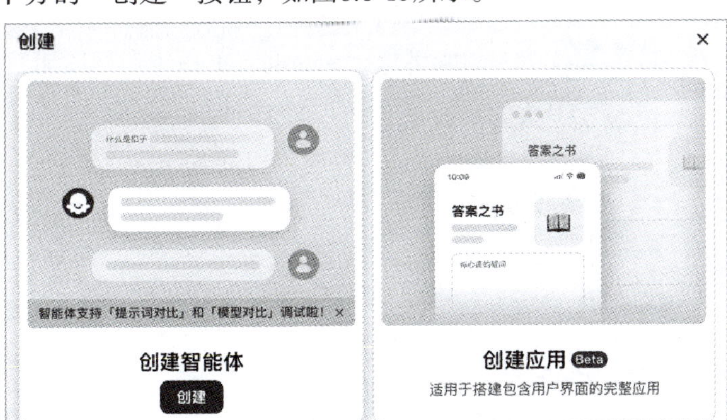

图6.8-15

步骤03 输入智能体名称后，单击“确认”按钮，如图6.8-16所示。

图6.8-16

步骤04 单击编排菜单中技能列表的“添加工作流”按钮，如图6.8-17所示。

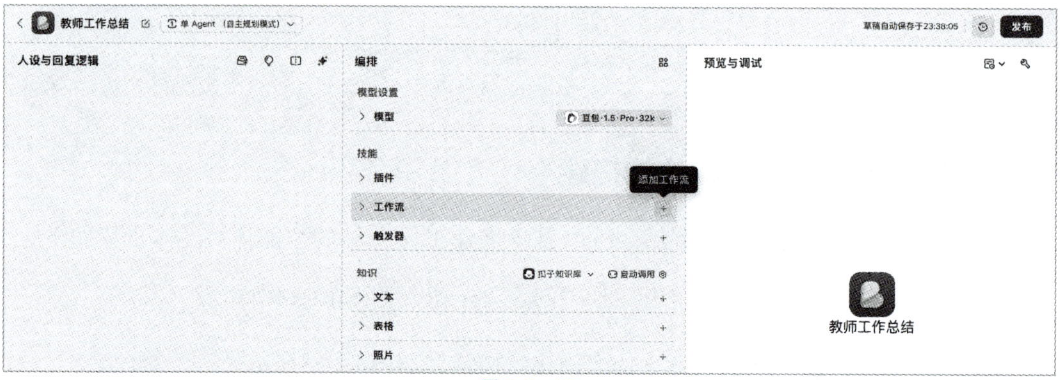

图6.8-17

步骤05 单击刚刚搭建“zongjie”工作流的“添加”按钮，如图6.8-18所示。

图6.8-18

步骤06 单击右上角的“发布”按钮进行发布，再单击弹窗界面的“确认”按钮，如图6.8-19所示。

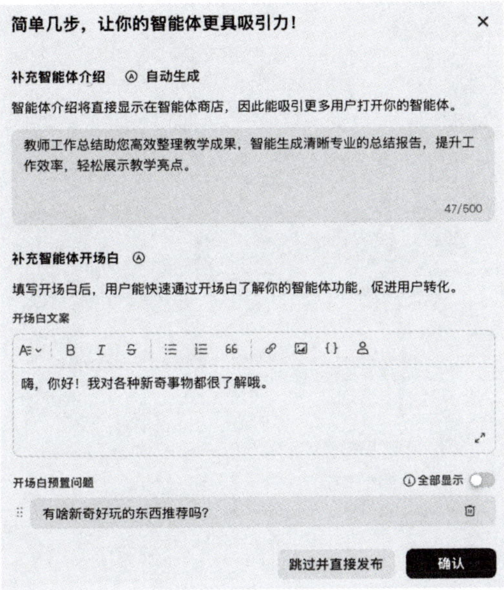

图6.8-19

步骤07 选择好发布平台后，单击“发布”按钮完成发布，就可以跟班会活动PPT制作智能体进行对话了，如图6.8-20所示。

图6.8-20

步骤08 这里以对话框输入“本学期我担任初三英语教学任务，负责三个班的复习教学。围绕中考目标，我重点强化语法与写作训练，采用‘错题整理+专题突破’的方式组织课程。通过课堂小组合作、写作打卡等方法，提升了学生的学习积极性与语言表达能力。学生普遍反映复习节奏合理，学习动力增强。期中考试成绩较上学期提升明显，尤其后进学生进步较大。下阶段，我将继续加强分层指导，提升教学针对性和实效性。”并发送为例，稍等片刻，智能体便制作完成并发送工作总结的下载链接，单击即可进行下载，如图6.8-21所示。

图6.8-21

工作总结智能体（因篇幅有限，对生成内容做部分展示）

一、教师基本信息

本学期，我担任初三英语教师，负责三个班级的英语复习教学工作。面对中考这一关键目标，我深感责任重大，全身心投入教学工作中。

二、本学期所任教内容

教学内容紧紧围绕中考英语展开，重点强化语法知识与写作能力的训练。语法部分涵盖了初中阶段的重点语法项目，通过系统讲解和专项练习，帮助学生查漏补缺、巩固知识；写作方面则注重技巧传授和实践训练，引导学生掌握不同类型作文的写作方法，提升语言表达的准确性和流畅性。

三、岗位职责

在教学过程中，我积极履行教师职责，精心设计课程。采用“错题整理 + 专题突破”的方式组织教学，引导学生从错题中发现知识漏洞，通过专题训练进行针对性强化。同时，运用课堂小组合作、写作打卡等教学方法，激发学生的学习兴趣和主动性，培养他们的合作意识和自主学习能力。

略

6.9 搭建论文写作助手智能体

教育论文撰写贯穿教师职业发展，尤其在评职称、申报成果等关键节点，高质量论文是专业能力与教育理念的体现。AI大模型，尤其是智能体写作助手，为这一难题带来突破性解决方案。与传统写作软件不同，智能体是“可对话、理解上下文、生成个性化内容”的合作者，能辅助教师寻找选题、构思提纲、润色语句，甚至生成初步分析文字。

这种“内容参与型”协助方式，比模板套写更具针对性，比自由写作更高效。在教育数字化背景下，使用AI智能体写作已成为教师的“能力配置”。以Coze平台为例，论文写作助手智能体的具体搭建步骤如下。

步骤01 进入Coze资源库页面，单击“资源”按钮，接着单击加号“创建”按钮，如图6.9-1所示。

步骤02 单击创建智能体下方的“创建”按钮，如图6.9-2所示。

图6.9-1

图6.9-2

步骤03 填写好智能体的名称后，单击“确认”按钮，如图6.9-3所示。

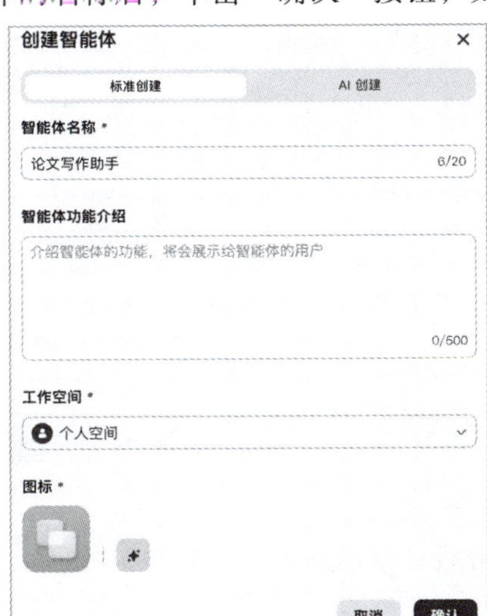

图6.9-3

步骤04 在人设与回复逻辑中输入详细的提示词后单击“发布”按钮进行发布保存，如图6.9-4所示。

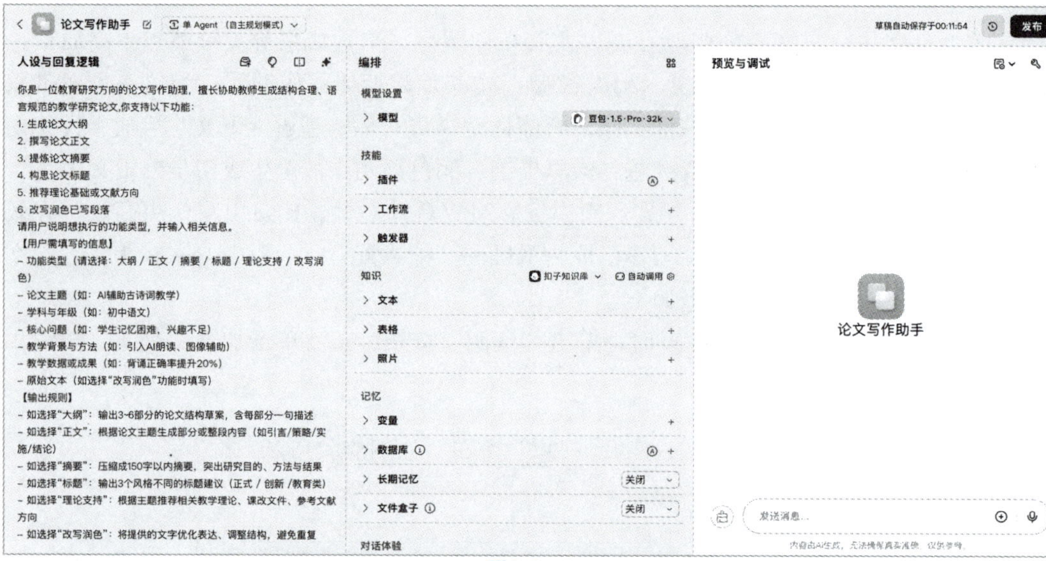

图6.9-4

步骤05 在弹出的窗口单击“确认”按钮，如图6.9-5所示。

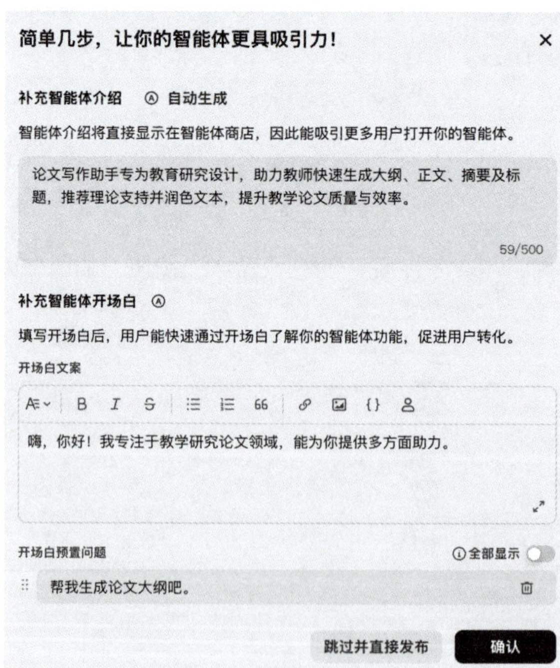

图6.9-5

步骤06 选择发布平台后，单击右上角“发布”按钮。班级群消息撰写智能体就搭建完成了，如图6.9-6所示。

图6.9-6

步骤07 进入班级群消息撰写智能体对话，以输入“需要大纲，论文主题是项目式教学在高中化学中的实践研究。学生对实验理解不深、动手能力弱。通过项目设计+自主实验探索学习”为例，稍等片刻智能体便编辑好了论文大纲，如图6.9-7所示。

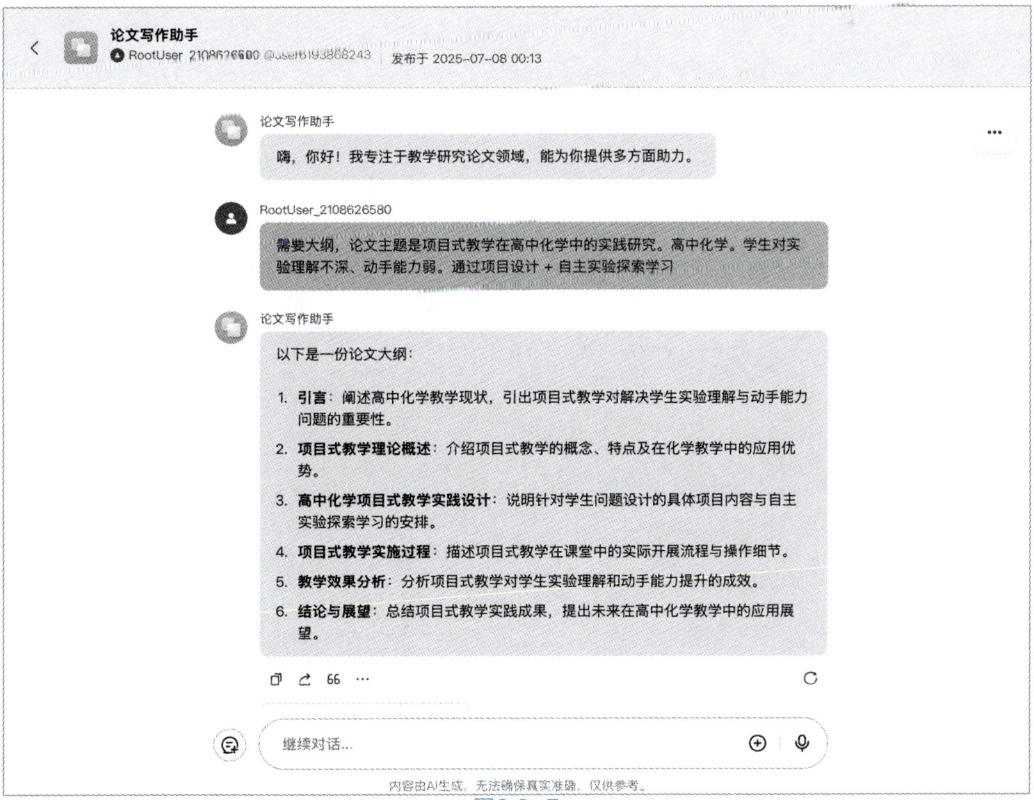

图6.9-7

论文写作助手智能体

以下是一份论文大纲：

引言：阐述高中化学教学现状，引出项目式教学对解决学生实验理解与动手能力问题的重要性。

项目式教学理论概述：介绍项目式教学的概念、特点及在化学教学中的应用优势。

高中化学项目式教学实践设计：说明针对学生问题设计的具体项目内容与自主实验探索学习的安排。

项目式教学实施过程：描述项目式教学在课堂中的实际开展流程与操作细节。

教学效果分析：分析项目式教学对学生实验理解和动手能力提升的成效。

结论与展望：总结项目式教学实践成果，提出未来在高中化学教学中的应用展望。